J新書 27

ネイティブにどんどん通じる

魔法の英語 なめらか口づくり

発音できない音をゼロにする
集中舌トレ120

 CD付

リサ・ヴォート
Lisa Vogt

Jリサーチ出版

☆はじめに☆

これまで通じなかった英語の発音がどんどん通じるようになる

　英語には日本語にない音があります。たとえば飛行機の中でコーヒーを頼むときにも、カタカナの「コーヒー」ではうまく通じません。もちろん客室乗務員は訓練されていますから、それでもピンと来る人もいるでしょう。しかし、旅行先の英語圏の現地で頼むとなるとなおさら難しくなることは想像できます。

　Coffee という綴りだけを見れば、「Co＝コ」と思いたくなるのも無理はありません。しかし英語では発音記号［kɔ́fi］にある通り、「コ」でも「ヒー」でもなく「カフィー」に近い音になるのです。

　本書では、英語特有の音に着目し、日本人の常識ではどうしても舌が回らない音の「苦手ランキング順」に、発音のポイントと実用例文を紹介します。

小難しい発音記号は気にしない。
CDをまねして声に出すだけ！

　見出し語はすべて日常会話でよく使われるものを厳選しました。本書付属のCDには見出し語の英語が、「聴く」⇒「言う」⇒「聴く」⇒「言う」という流れで収録されています。「言う」のところはポーズ(間)がありますので、その間にネイティブの声をまね、自分でも発音してみましょう。見出し語を使った例文も音声とポーズが収録されていますので、しっかりと耳慣らし・口慣らしの練習が可能です。小難しい発音記号は気にする必要ありません。本書で基礎を身につけておけば、必ず実践で英語が通じるようになります。さあ、ネイティブの人と気軽に会話を楽しめるように、英語のなめらか口づくり、スタートです！

リサ・ヴォート

☆本書の使い方☆

　本書は「ほとんどの日本人の方が言えていない発音のランキング順」に1位から10位までテーマ別で紹介していく構成です。カタカナにつられて誤解したまま覚えてしまっている語、日ごろから使う頻出語なのになぜかネイティブに通じない語、日本語からは想像もつかない変化をする語などを取り上げ、①実際の発音のしかた②誤解してしまう理由(解説)③実用例文5つを紹介し、集中的にネイティブに通じにくい音を舌トレーニング(集中舌トレ)することができます。

　120の語句は中学で学んだ基本的な英語ばかり。coffee→カフィ、stew→ス2(two)というように、その見出し語が実際はどのように発音すると通じるのか、日本人の方が瞬間的にピンと来る表記でご紹介します。

　また、本書ではアメリカ英語の発音を基本としています。

STEP 1　まず一番上にある見出し語が、実際はどのように発音されているか、文字で確認しましょう。

STEP 2　次に見出し語を見ながらCDの音声を聞いてみましょう。すぐ下のこう言えばネイティブに通じる！には、日本人の方が最も理解しやすい表記で紹介しています。本当の発音がどんな音なのか、チェックしてください。
　　　　　　ネイティブスピーカーの音声が2回ずつ流れます(ポーズあり)

STEP 3　今度は Listen & Speak にある5つの例文をCDで聞いてみましょう。ネイティブの人が実際の会話シーンでよく使う表現を取り上げています。色分けされた箇所を中心に、聞こえてくるネイティブの声に耳をすましてみましょう。自分が思っていた発音とずいぶん違うことがわかるはずです。
　　　　　　ネイティブスピーカーの音声が1回ずつ流れます(ポーズあり)

STEP 4　耳が慣れてきたら、一番下の欄のなめらか口のポイントへ進みましょう。言いにくい発音を上手に言うためのポイントがわかりやすく解説されています。CDにはそれぞれの英文に続きポーズ(無音)が数秒入っていますので、自分でも声にだして発声練習しましょう。

STEP 5　第1位～10位までにでてくる見出し語を合わせると120語句の〈集中舌トレ〉がありますので、順番に身につけていきましょう。

> **STEP 1〜2**
> 実際にはどう発音すればネイティブに通じるのか、CDで聞いて確かめてみよう。

coffee 意味 コーヒー
[kɔ́fi]

🔊 CD-02

こう言えばネイティブに通じる！ **カフイ**

Listen & Speak 🔊 CD-02

① コーヒーを一杯いただけますか？
Would you bring me a cup of coffee, please?

② ミルクとお砂糖はお使いになりますか？
How do you take your coffee?

> **STEP 3**
> ネイティブが日常で使う表現はこんな感じに聞こえます。

③ もう一杯コーヒーをお持ちしましょうか？
Can I bring you another coffee?

④ 私のコーヒーには砂糖もミルクもなしで。
No sugar and no cream with my coffee.

> **なかま**
> 類似する発音になる語を紹介します。

⑤ 僕は紅茶派じゃなくコーヒー派だよ。
I'm a coffee drinker and not a tea drinker.

なかま｜co**ffee** ▶ do**ct**or (医者)

なめらか口 のポイント

コーヒー (co-hee) という発音では米国や英国ではコーヒーは手に入りません。最初の co は ka の音に近く、続く hee は f の発音 fee でなくてはいけませんね。「f」を「ハ・ヒ・フ・ヘ・ホ」と連想するのは今日から禁止しましょう。「f」は「h」とは全く別の音です。

> **STEP 4〜5**
> よく知っている語なのに発音が通じないのはなぜか、ポイント解説を読んで頭でも理解しておきましょう。

STEP 6	第7位(L対R)、第8位(B対V)、第9位(いろいろなアー)の章は、カタカナで書くとほとんど同じになる語句を並べ、比較しながら効率的にトレーニングします。まずは音節の一部のみを取り上げたアルファベットを、チャンツ(リズム)にのって発音練習しましょう。
STEP 7	他の章と同様に比較する2つの語句に対して2つずつ(計4つ)実用例文が掲載されていますので、CDの声を真似して自分でも声にだして言ってみましょう。自分で言えるようになった言葉は、より一層聞き取りやすくもなります。

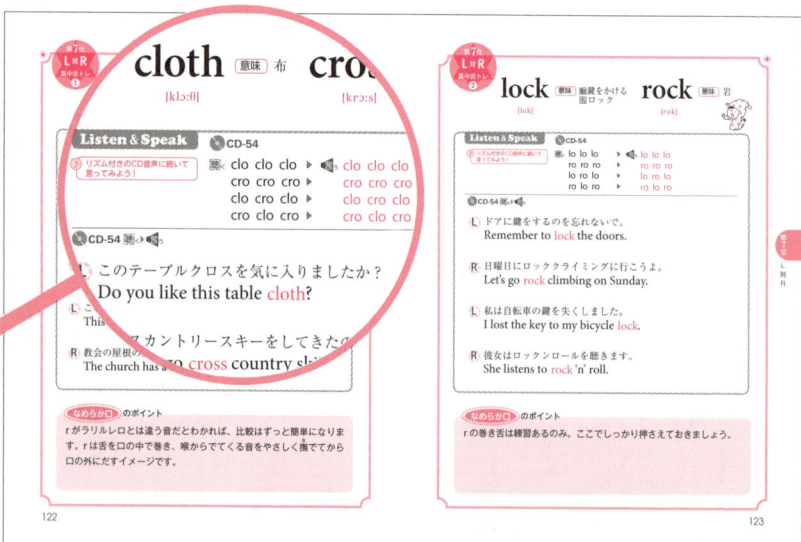

STEP 6～7
慣れない発音も比較しながら練習すれば、効率よく身につきます。

CD 見出し語はすべて英語が２度ずつ流れ、それぞれに数秒間のポーズ（間）があります。例文はすべて英語が１度ずつ流れ、同じく数秒間のポーズがありますので、その間に自分でも声に出して練習できます。

※英語はナチュラルスピードですが、発音練習しやすいように、ややゆっくりめに録音してあります。

★巻末特集について★

145ページからは、ランキングからはもれましたが、日常の会話でよく使う語句なのに、日本人の多くの方が苦手意識を持つ16の語句を取り上げ、比較しながら練習できるページを作りました。TOEICなどの試験でも狙われやすい語ばかりなので、本書で正しい発音（聞こえ方）を身につけておきましょう。

★「あの有名映画のセリフがわかる・言える」について★

巻末の161ページからは映画で使われた有名なセリフを紹介しています。ここでは本編で使われた語句が登場します。本編で練習した語句が映画の場面ではどんな風にセリフとして使われているのか、確認しましょう。本書にとどまらず、旅行や、映画館、DVD鑑賞などで、生の英語をどんどん吸収し、真似して使ってみましょう。

☆目 次☆

はじめに……………………………………………………………………2
本書の使い方………………………………………………………………4

Mission 1　99%の日本人が言えていない音順に集中舌トレ！

★第1位　99%が誤解している母音　　13

coffee ……… 14	manager ……… 29	mosaic ……… 44
potato ……… 15	NATO ……… 30	portrait ……… 45
tomato ……… 16	ideology ……… 31	motif ……… 46
mayonnaise ……… 17	ombudsman ……… 32	octave ……… 47
aloe ……… 18	media ……… 33	acoustic ……… 48
olive ……… 19	hierarchy ……… 34	tenor ……… 49
doctor ……… 20	Marx ……… 35	ukulele ……… 50
vitamin ……… 21	label ……… 36	waltz ……… 51
virus ……… 22	dozen ……… 37	Egypt ……… 52
gauze ……… 23	micron ……… 38	Asia ……… 53
stadium ……… 24	pound ……… 39	profile ……… 54
major league ……… 25	meter ……… 40	exotic ……… 55
goggles ……… 26	ounce ……… 41	comedian ……… 56
Achilles ……… 27	sepia ……… 42	
variety ……… 28	monotone ……… 43	

★第2位　脱サシスセソの子音　　57

the ……… 58	theme ……… 61	shirt ……… 64
thank ……… 59	Athens ……… 62	
thirsty ……… 60	cashmere ……… 63	

★第3位　連続する子音　　65

truffle ……… 66	margarine ……… 68	Mrs. ……… 70
vodka ……… 67	button ……… 69	dilemma ……… 71

★第4位　変化しまくるT　　　　　　　　　　　　　　　　73

stew ……………… 74	party …………… 77	water …………… 80
tuna …………… 75	country ………… 78	take it easy ……… 81
tool …………… 76	twenty ………… 79	wait a minute …… 82

★第5位　語尾の消失　　　　　　　　　　　　　　　　　　85

alcohol ………… 84	buffet ………… 93	hospital ………… 102
volleyball ……… 85	salad ………… 94	football ………… 103
hotel …………… 86	yogurt ………… 95	finale …………… 104
model ………… 87	liqueur ………… 96	fruit …………… 105
vocal …………… 88	brandy ………… 97	strike …………… 106
gourmet ……… 89	beer …………… 98	Mach …………… 107
cocktail ………… 90	croissant ……… 99	Zurich ………… 108
if ……………… 91	steak ………… 100	
pickle ………… 92	trick …………… 101	

★第6位　アクセントの罠　　　　　　　　　　　　　　　109

vanilla ………… 110	routine ………… 114	narcissist ……… 118
vaccine ……… 111	silhouette …… 115	career ………… 119
coliseum ……… 112	sweater ……… 116	
studio ………… 113	guitar ………… 117	

★第7位　L対R　　　　　　　　　　　　　　　　　　　121

cloth／cross …… 122	load／road ……… 124	climb／crime …… 126
lock／rock ……… 123	light／right ……… 125	

★第8位　B対V　　　　　　　　　　　　　　　　　　　127

ballet／valley …… 128	bolt／volt ……… 130	boat／vote ……… 132
best／vest ……… 129	berry／very …… 131	

★第9位　いろいろなアー　　　　　　　　　　　　　　133

fast／first ……… 134	heart／hurt …… 136	pass／purse …… 138
farm／firm ……… 135	hard／heard …… 137	

★ 第10位　S対Z **139**

news............ 140　blues............ 142　Paris............ 144
loose............ 141　charisma............ 143

Mission 2　似ている語句を比較しながら超速マスター

★ 特集①　ペアで舌トレ！ **147**

brake − break .... 148　lamp − lump 152
coat − court .... 149　noble − novel 153
color − collar .... 150　summery − summary 154
cent − scent .... 151　thorough − through 155

★ 特集②　早口ことばで舌トレ！ **156**

He threw three free throws. 157
A real rare whale. 158
Double bubble gum, bubbles double. 159
The sixth sick sheik's sixth sick sheep. 160

巻末特集　日常会話に浸透した、あの有名映画のセリフがわかる・言える **161**

『ファインディング・ニモ』............ 162
『ミリオンダラー・ベイビー』............ 163
『インディペンデンス・デイ』............ 164
『クロコダイル・ダンディー』............ 165
『フォレスト・ガンプ』............ 166
『タイタニック』............ 167

◆ コラム　ちょっとブレイク

ニックネーム............ 72
バニラちゃん............ 120

Mission 1

99％の日本人が言えていない
音順に集中舌トレ！

第1位	99％が誤解している母音 …………… 13
第2位	脱サシスセソの子音 …………………… 57
第3位	連続する子音 …………………………… 65
第4位	変化しまくるT ………………………… 73
第5位	語尾の消失 ……………………………… 85
第6位	アクセントの罠 ……………………… 109
第7位	L対R …………………………………… 121
第8位	B対V …………………………………… 127
第9位	いろいろなアー ……………………… 133
第10位	S対Z …………………………………… 139

第1位

99％が誤解している母音
集中舌トレ！

coffee 【意味】コーヒー
[kɔ́fi]

CD-02

こう言えばネイティブに通じる！ **カフイ**

Listen & Speak　CD-02

① コーヒーを一杯いただけますか？
Would you bring me a cup of coffee, please?

② ミルクとお砂糖はお使いになりますか？
How do you take your coffee?

③ もう一杯コーヒーをお持ちしましょうか？
Can I bring you another coffee?

④ 私のコーヒーには砂糖もミルクもなしで。
No sugar and no cream with my coffee.

⑤ 僕は紅茶派じゃなくコーヒー派だよ。
I'm a coffee drinker and not a tea drinker.

【なかま】 coffee ▶ doctor（医者）

なめらか口 のポイント

コーヒー（co-hee）という発音では米国や英国ではコーヒーは手に入りません。最初のcoはkaの音に近く、続くheeはfの発音feeでなくてはいけませんね。「f」を「ハ・ヒ・フ・ヘ・ホ」と連想するのは今日から禁止しましょう。「f」は「h」とは全く別の音です。

potato [意味] ポテト（いも）
[pətéitou]

こう言えばネイティブに通じる！ **ポtei-tou**

Listen & Speak CD-02

① ポテトチップを袋ごと食べちゃった。
I ate the whole bag of potato chips.

② ベイクドポテトに大盛のバターをつけてください。
Please put extra butter on the baked potato.

③ あつあつのスイートポテトがおいしそう！
The steaming hot sweet potatoes look delicious!

④ 芋（いも）ひとつに何カロリーありますか？
How many calories does a potato have?

⑤ あなたのポテトスープのレシピ、絶対くださいね。
You must give me the recipe for your potato soup.

[なかま] potate ▶ tomato（トマト）

なめらか口のポイント

potato は第2音節の ta にストレスがおき、さらに二重母音で tei といいます。複数形の場合は potatoes と -es がつきます。ちなみに、hot potato という表現は比喩的に「（議論を醸し出す）難しい問題」という意味でよく使われますので覚えておきましょう。

15

tomato 意味 トマト

[təméitou]

こう言えばネイティブに通じる! ト mei-tou

CD-03

Listen & Speak CD-03

① トマトスープはいかが？
How about some tomato soup?

② 私はトマトジュースに黒胡椒とタバスコを入れます。
I put black pepper and Tabasco in my tomato juice.

③ 大きいトマトサラダをひとつください。
I'd like to order a large tomato salad, please.

④ 黄色いトマトは思いもよらず甘かったわ！
The yellow tomatoes were surprisingly sweet!

⑤ トマトがフルーツってほんとう？
Is it true that a tomato is a fruit?

なかま tomato ▶ cake (ケーキ)

なめらか口 のポイント

potatoと同じようにtomatoも日本語のイメージからはかなり異なります。アメリカ英語では第2音節のmaをmeiと発音しますので注意しましょう。ただしイギリス英語の場合など、まれにmaをマー[ma:]と伸ばして発音されることがあります。

第1位 99％が誤解している母音 集中舌トレ ❹

mayonnaise 意味 マヨネーズ
[méiənèiz]

CD-03 聴く／言う／聴く／言う　こう言えばネイティブに通じる！ **Mei-yoネーズ**

Listen & Speak　CD-03 聴く／言う

① マヨネーズはお付けしますか？
Would you like mayonnaise with that?

② 低脂肪マヨネーズはありますか？
Do you have low-fat mayonnaise?

③ マヨネーズ大嫌い！
I can't stand mayonnaise!

④ 私のハムサンドはマヨネーズ抜きでお願いします。
Please hold the mayo on my ham sandwich.

⑤ マヨライスはすごくおいしい。
Mayo on rice tastes great.

なかま mayonnaise ▶ vacancy（からっぽ）

なめらか口のポイント

第1音節の may を［mei］と発音するのがポイントです。アメリカ英語の口語では、mayo と短縮することもありますので、覚えておきましょう。この場合も第1音節は二重母音で［meiou］といいます。「マヨネーズを抜いてください」と頼むときは、Please hold the mayo. と省略してよく使われます。

aloe 意味 アロエ
[ǽlou]

こう言えばネイティブに通じる！ **ァlou**

Listen & Speak CD-04

1. 私は庭でアロエを育てています。
   I have some aloe growing in my garden.

2. 彼女はアロエベラのジュースが好きなの！
   She loves aloe vera juice!

3. アロエが虫さされのかゆみをとるって知っていた？
   Did you know that aloe can take the itch out of insect bites?

4. アロエクリームをください。
   I'd like some aloe cream.

5. このリップクリームはアロエ入りです。
   This lip balm has aloe in it.

なかま　aloe ▶ solar（太陽）

なめらか口 のポイント

ラテン語の aloe に由来する言葉で、英語では語頭の母音 a にストレスをおき、alou といいます。日本ではキダチアロエが多く栽培されていますが、欧米ではアロエベラ（aloe vera）のほうが一般的で、薬効として液汁を傷ややけどに塗布したりもします。

olive 意味 オリーブ
[ɑ́liv]

こう言えばネイティブに通じる！ **アlive**

Listen & Speak CD-04

① 私はエキストラヴァージンオイルで調理します。
I cook with extra virgin olive oil.

② 黒オリーブ？ それとも緑？
Black or green olives?

③ これらのオリーブは種なしですか？
Are these olives deseeded?

④ トマトと黒オリーブのスパゲッティがおいしそうね！
Spaghetti with tomatoes and black olives sounds yummy!

⑤ そのスカーフはオリーブグリーン、それともフォレストグリーン？
Is that scarf olive green or forest green?

なかま　olive ▶ omelet（オムレツ）

なめらか口 のポイント

オリーブは日本でも人気のある食材ですが、第1音節は「オ」ではなく、どちらかというと「ア」に近いです。レストランに行けば、頻繁に遭遇する食材なので、ここでしっかり押さえておきましょう。

doctor
[dάctər]

意味　ドクター（医者）

こう言えばネイティブに通じる！　**ダ**ctor

Listen & Speak　CD-05

① あなたは医者ですか？
Are you a medical doctor?

② 先生、ほかに私にできることはありますか？
Doctor, is there anything else that I can do?

③ 先生はいらしています。
The doctor is in.

④ お医者さまに診てもらった？
Have you seen a doctor?

⑤ この機内に医者の方はいますか？
Is there a doctor on this flight?

なかま　doctor ▶ dock（波止場）

なめらか口のポイント

おなじみ医者を示すドクターも、英語ではちょっと違います。第1音節のdoの母音がoだからといって「ド」にしてはいけません。CDを聴くと「ダ」に近い音だということがよくわかります。

第1位
99%が誤解している母音
集中舌トレ
❽

vitamin 意味 ビタミン
[váitəmin]

CD-05
聴く→🔊→聴く→🔊

こう言えばネイティブに通じる！ **vai-tamin**

Listen & Speak CD-05 聴く→🔊

① 風邪をひいたら、ビタミンCをたくさんとりなさい。
When you have a cold, take plenty of vitamin C.

② あなたはビタミンとミネラルが足りません。
You're not getting enough vitamins and minerals.

③ これらのビタミン剤は安全ですか？
Are these vitamin pills safe?

④ 私の母はビタミンのサプリメントを摂取しています。
My mother is taking vitamin supplements.

⑤ どのくらいのビタミンAがこのにんじんジュースにはありますか？
How much vitamin A is in this carrot juice?

なかま vitamin ▶ violine（バイオリン）

なめらか口のポイント

第1音節の vi を [vi] ではなく [vai] と発音するのがポイント。ただしイギリス英語では地域によっては [vi] と発音することがあります。その場合も第1音節にストレスがあるので、「ビタミン」とは聞こえ方がずいぶん違います。ビを b の音にしないことが大切。

virus 意味 ウイルス

[vái(ə)rəs]

こう言えばネイティブに通じる！ **vai-rus**

Listen & Speak CD-06

① たぶんウイルスにやられたんだと思う。
I think I'm coming down with a virus.

② 私のコンピュータが悪いウイルスに感染しました。
My computer was infected with a bad virus.

③ 抗ウイルスのソフトウェアをインストールしましたか？
Do you have anti-virus software installed?

④ ウイルスは危険な存在になりえます。
Viruses can be dangerous.

⑤ ウイルスが漂（ただよ）っているから気をつけて。
There's a virus going around so be careful.

なかま virus ▶ violence（暴力）

なめらか口 のポイント

カタカナで「ヴィールス」と表記されることもありますが、それでもまだ間違いです。前ページのvitamin同様、第1音節のviを[vai]と言いましょう。コンピュータに悪影響を及ぼすウイルスをcomputer virus。よく使いますので発音に注意です。

第1位
99%が誤解している母音
集中舌トレ ❿

gauze 意味 ガーゼ
[gɔːz]

こう言えばネイティブに通じる❕ **gouz**

Listen & Speak CD-06

1. このガーゼでそこを覆って。
   Wrap it with this gauze.

2. 白以外のガーゼを持っていますか？
   Do you have gauze that's not white?

3. このガーゼは伸縮性ですか？
   Does this gauze stretch?

4. このガーゼを張る特別なテープは必要ですか？
   Do I need special tape for this gauze?

5. このガーゼは幅が足りません。
   This gauze isn't wide enough.

なかま gauze ▶ dog (犬)

なめらか口 のポイント

「ガーゼ」はドイツ語の gaze が語源で、綿や絹などの軽い布地のことをいいます。英語では gouz のように発音します。ちなみに絆創膏の bandage は ban dij。age → ij になるので覚えておきましょう。

stadium

[stéidiəm] 意味 スタジアム（競技場）

こう言えばネイティブに通じる！ **Stei-Dアム**

Listen & Speak　CD-07

① そのスタジアムは新しい名称になったんだよね？
That stadium has a new name, right?

② スタジアムに行くには、次の駅で降りるのよ。
To get to the stadium, get off at the next train station.

③ スタジアムはとても大きい！
The stadium is so big!

④ 新しいスタジアムに行ったことがありますか？
Have you been to the new stadium?

⑤ コンサートはスタジアムで開かれる予定です。
The concert will be held at the stadium.

なかま　stadium ▶ station（駅）

なめらか口のポイント

ラジオが [reidiou] と発音されるのと似た感じで、stadium もひとつめの母音を二重母音 [ei]、「ジ」の子音にあたる音を [D] と発音します。ちなみにスタジアムジャンパー（スタジャン）は和製英語で、baseball jacket がこれに当たります。

major league
[méidʒɚ liːg]

意味 メジャーリーグ（大リーグ）

こう言えばネイティブに通じる！ **メイjorリーグ**

第1位 99％が誤解している母音 集中舌トレ ⑫
CD-07

Listen & Speak CD-07

① メジャーリーグ（大リーグ）は明日から始まります。
Major league baseball starts tomorrow.

② 私の息子はマイナーリーグからメジャーリーグに昇格しました。
My son moved up from the minors to the major leagues!

③ メジャーリーグサッカーをチェックしている？
Do you keep up with major league soccer?

④ 彼がメジャーリーグでプレーしているなんて信じられない。
I can't believe he's playing in the major leagues.

⑤ 1989年制作の映画『メジャーリーグ』を観ましたか？
Did you see the 1989 movie "Major League"?

なかま major league ▶ maple（カエデ）

なめらか口 のポイント

メジャーの発音から測定器を意味する measure が想像されますが、「主な、主要な」を意味する major ですので注意してください。はじめの「メ」を実際は mei と発音します。

25

goggles
[gáglz]

意味 ゴーグル

こう言えばネイティブに通じる♪ **ガーggles**

Listen & Speak

① 海の中ではずっと
ゴーグルをつけておかなければいけません。
You must wear your goggles at all times in the ocean.

② そのゴーグル、かっこいい。
Those are cool ski goggles.

③ 水泳用のゴーグルを貸してくれない？
Can I borrow your swimming goggles?

④ バーチャルリアリティのゴーグルを試したことある？
Have you tried virtual reality goggles?

⑤ 教授は、実験の間ゴーグルをつけていなかった私たちを叱りつけた。
The professor scolded us for not wearing goggles during the experiment.

なかま goggles ▶ dollar（ドル）

なめらか口 のポイント

gogglesもその綴りからつい「ゴー」と言いがちですが、第1音節のgoは「ガ」に近い音で表します。ゴーグルは左右が対になっているため、必ず複数形で用います。メガネをglasses、ズボンをpantsと表すのと同じです。

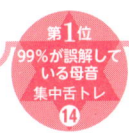

Achilles
[əkíliːz]

意味 アキレス腱

こう言えばネイティブに通じる！ **アキli:z**

Listen & Speak   CD-08

1. それは弁慶の泣きどころ。
   That was Achilles' heel.

2. アキレスの母親は彼を三途の川につけた。
   Achilles' mother dipped him in the river Styx.

3. アキレスはギリシア神話の英雄です。
   Achilles is a Greek mythological hero.

4. 私はアキレス腱を切った。
   I tore my Achilles' tendon.

5. アキレスって正しくスペルできますか？
   Can you correctly spell "Achilles"?

なかま Achilles ▶ Indonesia（インドネシア）

なめらか口のポイント

語尾を li:z と伸ばします。一般的にはアキレス腱としてその名を知られる achilles ですが、これはギリシア神話に登場するアキレスがかかとを射られて命を落としたという逸話に由来します。Achilles' heel（アキレスのかかと）で比喩的に「弱点」を表します。

第1位
99%が誤解している母音
集中舌トレ ⑮

variety
[vəráiəti]

意味 バラエティー（多様性）

CD-09

こう言えばネイティブに通じる！ **ヴァraエT**

Listen & Speak CD-09

① それらにはいろんな色がある。
They have a variety of colors.

② 品質は種類より重要です。
Quality is more important than variety.

③ 多彩な冷凍食品がその店に大きな利益をもたらしています。
It's the variety of frozen food that makes the shop so profitable.

④ バラエティ番組を観ましたか？
Did you see that variety show?

⑤ 変化に富むことは人生のスパイスだ！
Variety is the spice of life!

なかま variety ▶ nowadays（このごろは）

なめらか口 のポイント

バラエティー番組や、商品のバラエティーという意味で、カタカナ語としてよく使われる言葉ですが、英語では発音に注意が必要です。第2音節の ri にストレスをおき、さらに「rai」と言いましょう。va- の [ə] の発音は少し口を開けた弱めの「ア」を意識しましょう。

manager

意味 マネージャー（管理人）

[mǽnidʒɚr]

こう言えばネイティブに通じる♪ **maネィjer**

Listen & Speak CD-09 聴く

1. 部長と代わっていただけますか。
   I'd like to speak with the manager, please.

2. 私はこのフロアのマネージャーです。
   I'm the manager of this floor.

3. 今夜、部長は仕事ですか？
   Is the manager on duty tonight?

4. 彼女は素晴らしいマネージャーです。
   She's a great manager.

5. マネージャーとリーダーはどう違うのですか？
   What's the difference between a manager and a leader?

なかま **manager ▶ money**（お金）

なめらか口 のポイント

マネージャーとカタカナで「ネー」と伸ばしている部分の母音を、「ネィ」と発音する点が重要です。また、第1音節の man- にストレスをおく点も気をつけておきたいところですね。

NATO
[néitou]

意味 北大西洋条約機構

こう言えばネイティブに通じる♪ neitou

Listen & Speak CD-10

1. NATOは28の国が所属しています。
   NATO has 28 member states.

2. NATOの本部はどこにありますか？
   Where is the headquarters of NATO?

3. 日本はNATOのパートナー国です。
   Japan is a NATO partner.

4. NATOとは北太平洋条約機構のことを表します。
   NATO stands for North Atlantic Treaty Organization.

5. 貧困者を救うために、NATOが支援する計画がたくさんあります。
   There are many NATO-sponsored projects that help the needy.

なかま NATO ▶ native (その土地生まれの)

なめらか口 のポイント

ニュースによくでてくるNATOは英語では必ず[neitou]と言います。North Atlantic Treaty Organizationの略称です。

ideology
[àidiálədʒi]

意味 イデオロギー

こう言えばネイティブに通じる♪ **アイデオロG**

Listen & Speak CD-10 聴く

1. 彼の政治理念には賛同できません。
   I can't agree with his political ideology.

2. 彼女の男女平等主義は気になります。
   Her feminist ideology bothers me.

3. 私のイデオロギーは左に寄っています。
   My ideology leans towards the left.

4. そのグループ全体は自由主義です。
   That whole group has a liberal ideology.

5. 彼はついにイデオロギーについて言及した。
   He finally made a statement about ideology.

なかま ideology ▶ ginger (しょうが)

なめらか口 のポイント

イデオロギーはドイツ語に由来する言葉です。最後の音節 -gy は [gi] ではなく、[jee] と発音します。第1音節 i- は [ai] と発音されることが多いですが、人によっては [i] と発音される場合もあります。

第1位
99%が誤解している母音
集中舌トレ ⑲

ombudsman 意味 オンブズマン
[ʌ́mbədzmən]

CD-11
聴く 聴く こう言えばネイティブに通じる! **omバッズman**

Listen & Speak CD-11 聴く

① 日本には国家の監視役がいないそうね。
I heard that Japan doesn't have a national ombudsman.

② 彼らのところには権力のある警察オンブズマンが存在します。
They have a powerful police ombudsman.

③ 私たちは財務の監査役が必要です。
We need a financial ombudsman.

④ 年金監査役が請求を調査した。
The pensions ombudsman investigated the claims.

⑤ 彼女は子供オンブスマンの一員です。
She's a member of the Ombudsman for Children.

なかま ombudsman ▶ buffet (ビュッフェ)

なめらか口のポイント

日本語では「機関」を指すことがありますが、英語ではmanとあるように必ず「人」を指します。第2音節の-buds-の母音に注意してください。決して「ブス」ではありません。バッズ(またはブッズ)です。

32

media 意味 メディア

[míːdiə]

こう言えばネイティブに通じる！ **ミディア**

Listen & Speak CD-11 聴く

① メディアのレポートが混沌(こんとん)を引き起こした。
The media reporting caused the chaos.

② メディアをあまく見てはいけせん！
Don't underestimate the media!

③ 視聴覚室に行ったことありますか？
Have you been to the media library?

④ 私たちは偏見を知るためにもっとメディアを使いこなす必要があります。
We need to be more media-literate to understand bias.

⑤ メディアの偏見は大きな問題です。
Bias in the media is a big problem.

なかま　media ▶ even（対等の）

なめらか口のポイント

マスメディアなどでお馴染み media は、第1音節の me- の母音を、[iː] と伸ばして発音します。また、media が複数形だと言われると驚く人もいるかもしれませんが、この単数形は medium で「（伝達などの）手段」の意味をもちます。

hierarchy
[háiərà:rki]

意味 ヒエラルキー（階級性）

こう言えばネイティブに通じる！ **Higher−Rキー**

Listen & Speak CD-12

① 私たちは力の階層を乱されないよう注意深く
あるべきです。
We should be careful not to upset the hierarchy of power.

② 人は常にヒエラルキー（上下関係）を生みだす。
Humans always create hierarchies.

③ 社内ヒエラルキーが変わることはない。
The corporate hierarchy will never be changed.

④ そこはとてつもない階級社会です。
They have a very hierarchical society.

⑤ 私たちは今日、マズローの欲求段階説を学びました。
We studied Maslow's hierarchy of needs today.

なかま **hi**erarchy ▶ **mi**nor（小さいほうの）

なめらか口 のポイント

第1音節にストレスをおき、さらに hi- は [hai] と発音します。ヒエラルキーは政治の場に限らず「階級性、階級組織」を指す言葉です。綴りを見ると、最後の音節の -chy が [ki] になる点も注意です。

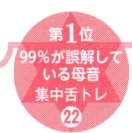

Marx 意味 マルクス
[mɑːrks]

こう言えばネイティブに通じる！ **マークス**

Listen & Speak CD-12

① カール・マルクスを聞いたことがない人はいますか？
Who has never heard of Karl Marx?

② 彼らはマルクス兄弟だ！
They are the Marx Brothers!

③ カール・マルクスのミドルネームはヘインリッヒです。
Karl Marx's middle name was Heinrich.

④ 彼は頑強（がんきょう）なマルクス主義者です。
He's a die-hard Marxist.

⑤ マルクスの像の前で写真を撮りましょう。
Let's take a photo in front of the Marx monument.

なかま　Marx ▶ Norman（ノルマン人）

なめらか口のポイント

マルクスという名に馴染んでいても、英語の綴りが Marx とは知らない人が多い。さらに英語の発音は「マルクス」ではなく「マークス」と、綴り通りに伸ばしますので注意しましょう。

label [意味] ラベル

[léibəl]

こう言えばネイティブに通じる！ **lei**ボーッ

Listen & Speak CD-13

① ラベルはシャツの前にあります。
The label is on the front of the shirt.

② ブランドもの店です。
It's a designer label shop.

③ ラコステのラベルはワニではなく、クロコダイルです。
Lacoste's label is not an alligator, it's a crocodile.

④ セーターにバーコードのラベルはついていますか？
Is there a barcode label on the sweater?

⑤ 粘着性のあるラベルは完全には剝がれなかったの。
The sticky label wouldn't completely peel off!

[なかま] label ▶ radio (ラジオ)

なめらか口 のポイント

カタカナ語は label を「ラベル」とローマ字読みしていますが、正しくは、第1音節の la- が [lei] となります。また、label は「レコード会社」を表す場合もあり、それをカタカナ語でも「レーベル」といいますね。「ラベル」よりは英語の発音に近いです。

第1位 99％が誤解している母音 集中舌トレ ㉔

dozen
[dʌ́zn]

意味 ダース（12個を1組として数える数量の単位）

こう言えばネイティブに通じる！ **ダzn**

Listen & Speak CD-13

① 赤いバラを1ダースください。
A dozen red roses, please.

② 2ダースのタマゴで3つのキッシュが作れます。
Two dozen eggs will make 3 quiches.

③ 小さなチョコを2ダースほどください。
I'll take a couple of dozen of those tiny chocolates.

④ 1ダースも多すぎ！
A dozen is too much!

⑤ 何ダースご入用（いりよう）ですか？
How many dozens would you like?

なかま dozen ▶ cousin（いとこ）

なめらか口 のポイント

1ダース、2ダースと日本でもお馴染みの単位ですが、英語ではダズン [dʌzn] と発音することに注意してください。口語では dozens of… で「たくさんの〜」を表し、I've been to Hawaii dozens of times.（ハワイに何度も行っている）と言えます。

第1位 99%が誤解している母音 集中舌トレ ㉕

micron
[máikrɑn]

意味　ミクロン（100万分の1メートルを表す単位）

CD-14

こう言えばネイティブに通じる！　**mai**ク**ron**

Listen & Speak　CD-14

① 長さは何ミクロンですか？
How many microns in length?

② そのミクロの細さはこの機器で作るのは無理です。
That micron thickness cannot be achieved with this machine.

③ ミクロの単位をどうやって測るのですか？
How do you measure microns?

④ 1ミクロンの水には300億の分子が含まれています！
A cubic micron of water contains about thirty billion molecules!

⑤ 1メートルは100万ミクロンです。
There are a million microns in a meter.

なかま　micron ▶ lively（元気な）

なめらか口のポイント

第1音節 mi- が [mai] と二重母音で表されます。「微小」を表す接頭辞 micro- も同様に第1母音が [mai] の音になりますので覚えておきましょう。microeconomics（ミクロ経済）など。反対に macro（マクロ）の発音は [makrou] です。

第1位 99%が誤解している母音 集中舌トレ ㉖

pound 意味 （重さの単位）
[paund]

CD-14

こう言えばネイティブに通じる！ **パウnd**

Listen & Speak CD-14

① 体重がどれだけかなんて、あなたには言いません。
I'm not telling you how many pounds I weigh!

② この牛肉は1ポンド4ドルくらいします。
This beef costs about four dollars a pound.

③ 60キログラムって何ポンド？
How many pounds is 60 kilograms?

④ クリスマスまでには20ポンド体重を落とすつもりよ。
I'm going to lose 20 pounds by Christmas.

⑤ ポンドの単位変換は私には難しいです。
Converting to pounds is difficult for me.

なかま pound ▶ sour（酸っぱい）

なめらか口 のポイント

「ポンド」と発音してしまうと「沼」や「池」を意味する pond になります。実際は [paund] と発音します。1ポンドは約453.6グラムに当たり、記号は lb. です。（たとえば $1.99/lb. という表示は1ポンド当たり1.99ドルを表します）。英米で広く使われる重量単位です。

第1位 99％が誤解している母音

meter 意味 メートル（長さの単位）

[míːtər]

こう言えばネイティブに通じる！ **ミーter**

● CD-15

Listen & Speak　CD-15

① レストランまで約300メートルです。
It's about 300 meters to the restaurant.

② そのテーブルは2メートルちょうどの長さです。
The table is exactly 2 meters long.

③ 150平方メートルのプールが私たちにはちょうどいい。
The 150 square meter pool is perfect for us.

④ 彼は30メートル泳げなかった。
He couldn't swim 30 meters.

⑤ ゲートは鉄道駅から400メートルの場所にあります。
The gates are located 400 meters from the train station.

なかま　meter ▶ senior（年上の）

なめらか口 のポイント

前ページの「ポンド」とは違い、「メートル」は日本人にも馴染みのある単位ですが、発音には注意です。とくに第1音節の me- の母音が [iː] の音であることに注意！ また、千メートルを1キロと言うことがありますが、英語では省略せず 1 kilometer と言います。

第1位 99%が誤解している母音 集中舌トレ ㉘

ounce

[auns]

意味 オンス（重さの単位）

こう言えばネイティブに通じる！ **Aウンス**

Listen & Speak CD-15

① 金1オンスは近頃いくらですか？
How much is an ounce of gold these days?

② 1オンスの予防薬は1ポンドの治療薬に値（あたい）する。
An ounce of prevention is worth a pound of cure.

③ 2液量オンスを少し下回っています。
It's just under two fluid ounces.

④ 5オンスの重曹（じゅうそう）が必要です。
You'll need 5 ounces of baking soda.

⑤ ええ…18オンスは500グラムちょっとになります。
Let's see...18 ounces comes to a little over 500 grams.

なかま ounce ▶ out（外へ）

なめらか口 のポイント

pound（ポンド）と同じく重量の単位です。1オンスは1ポンドの16分の1で、約28.35グラムに相当します。最初の ou- の母音は［au］となりますので注意しましょう。例文2は「転ばぬ先の杖」と同じ意味です。

第1位 99％が誤解している母音 集中舌トレ ㉙

sepia

[síːpiə]

意味 セピア（写真などに使われる暗褐色）

こう言えばネイティブに通じる！ **see ピア**

CD-16

Listen & Speak CD-16

① セピア調の写真がたくさんの記憶を呼び起こした。
The sepia photographs brought back many memories.

② セピアとは赤褐色の何かを意味します。
Sepia means that something is a red-brown color.

③ 特別な機能として、セピアとネガが入っています。
The special effects include sepia and negatives.

④ そのセピア色のポストカードをいただきます。
I'll take that sepia postcard, please.

⑤ そのセピア色の陰は淡すぎます。
That sepia shade is too pale.

なかま sepia ▶ sequence（連続）

なめらか口のポイント

「セピア」として聞き馴染みがありますが、第1音節 se- にストレスをおき、[siː] と伸ばして発音します。セピアとともに白黒写真も趣がありますね。「白黒写真（の）」は black-and-white と表現します。

第1位
99%が誤解している母音
集中舌トレ
30

monotone

[mάnətòun]

意味 モノトーン（単調な、単色の）

CD-16

こう言えばネイティブに通じる！ **マーノトゥン**

Listen & Speak　CD-16

1. 彼女は単調に話しました。
   She spoke in flat monotones.

2. 彼はモノトーンに決めてかっこよかった。
   He looked cool in monotone.

3. 単調な講義がみんなの眠気を誘いました。
   The monotone lecture put everyone to sleep.

4. モノトーンな住宅団地は個性に欠いている。
   Monotone housing projects lack character.

5. ザ・モノトーンと呼ばれるロックバンドを知っていますか？
   Do you know the rock and roll band called The Monotones?

なかま　monoton ▶ monster（怪物）

なめらか口 のポイント

ついモノトーンと言いがちですが、ストレスは -tone ではなく、第1音節 mo- におき、「モ」ではなく［マ］と発音します。

第1位
99％が誤解している母音
集中舌トレ
㉛

mosaic
[mouzéiik]

意味　モザイク（ガラスなどを寄せ集めた模様や絵画）

CD-17
聴く→言う→聴く→言う

こう言えばネイティブに通じる♪　**moゼイc**

Listen & Speak　CD-17 聴く→言う

① モザイクのタイルの床がゴージャスね！
The mosaic tile flooring was gorgeous!

② なんて面白いモザイク通りなんでしょう！
What an interesting mosaic sidewalk!

③ このモザイクのデザインだわ。
This mosaic design is the one.

④ モザイクは早期のウェブブラウザの名前でした。
Mosaic was the name of an early web browser.

⑤ なんて可愛らしいモザイクの窓のパネルなんでしょう！
What a lovely mosaic window panel.

なかま　mosaic ▶ desert（砂漠）

なめらか口 のポイント

カタカナの「モザイク」はフランス語の mosaique に近い発音ですが、英語は違います。mo- は二重母音で［mou］と発音し、-saic は［zeiik］と発音します。CDをよく聴いて、ここで押さえておきましょう。

第1位 99％が誤解している母音 集中舌トレ ㉜

portrait

[pɔ́ːrtrit]

意味 ポートレート（肖像画、人物写真）

こう言えばネイティブに通じる！ **ポーチュreit**

CD-17

Listen & Speak　CD-17

① それは私の曾祖父の肖像画です。
It's a portrait of my great grandfather.

② 君の肖像画を描いてもいい？
May I paint a portrait of you?

③ 彼は肖像画のギャラリーを開きました。
He opened a portrait gallery.

④ 私は人物写真家です。
I'm a portrait photographer.

⑤ 彼はその状況を鮮やかに描写しました。
He painted a vivid portrait of the situation.

なかま portrait ▶ build（建てる）

なめらか口のポイント

第2音節のraitがくせもので、[rit]とiの音で発音します。最初の母音にストレスがあることも、正しく発音するために覚えておきたいポイントです。

第1位
99%が誤解している母音
集中舌トレ
㉝

motif
[moutíːf]

意味 モチーフ（芸術作品のテーマ）

CD-18
聴く→言う→聴く→言う

こう言えばネイティブに通じる♪ **モウteef**

Listen & Speak CD-18 聴く→言う

① 何をモチーフにしていますか？
What's the motif?

② 私は花の絵画が好きです。
I like the floral motif.

③ 龍のモチーフはとても力強いわね。
The dragon motif is very powerful.

④ 私たちは主題を守るべきです。
We should save the motifs.

⑤ 物語の中はめくるめくテーマがあります。
It's a recurring motif in the story.

なかま motif ▶ team（チーム）

なめらか口のポイント

mo-tifの2音節から成り、第1音節mo-の母音を[ou]、ストレスがある第2音節の母音は[ee]となり、モウteefと発音します。「チー」とは言いませんので注意が必要です。

octave
[áktiv]

意味 オクターブ（ある音より8度開いた音、それらの幅）

こう言えばネイティブに通じる！ **アクティヴ**

第1位 99％が誤解している母音 集中舌トレ ㉞

Listen & Speak

1. 1オクターブ低く演奏してもらえますか？
   Can you play it an octave lower?

2. 異なるオクターブで同じ音調をお願いします。
   The same note at a different octave, please.

3. 次は少し音階を上げて。
   Next time do it a few octaves up.

4. 彼女は何オクターブ歌うことができますか？
   How many octaves can she sing?

5. 低オクターブがいい感じに響いています。
   The lower octaves echo nicely.

なかま octave ▶ option（選択）

なめらか口のポイント

英語の発音はカタカナ語と大きく異なる [aktiv] です。active（活発な）に近い音と覚えたほうがわかりやすいかもしれません。oct- は「8」を表す接頭辞。たとえば8本足の octopus（タコ）ですね。

第1位 99％が誤解している母音 集中舌トレ ㉟

acoustic
[əkúːstik]

意味 アコースティック（生音の）

こう言えばネイティブに通じる！ **アクー**stic

Listen & Speak

① 私はアコースティックギターを弾きます。
I play acoustic guitar.

② それは音響効果があまりなかった。
It wasn't very acoustic.

③ あなたのアコースティックバスを借りていい？
Can I borrow your acoustic bass?

④ なんて音響範囲なんだ！
What an acoustic range!

⑤ ミュージシャンは彼のスタジオに音響効果のあるタイルをせがんだ。
The musician insisted upon acoustic tiles for his studio.

なかま acoustic ▶ route（ルート）

なめらか口 のポイント

acoustic guitar でよく聞く言葉。しかし発音は注意です。第2音節 -cou- の母音［uː］に注意すれば、うまく発音できます。

tenor

[ténər]

意味: テノール（男声の最高音域）

こう言えばネイティブに通じる！ テnər

Listen & Speak

1. 今宵のテノールは誰ですか？
   Who is the tenor tonight?

2. 彼はテナーサクソフォン奏者です。
   He plays tenor saxophone.

3. イタリア人テノールが国歌を歌いました。
   The Italian tenor sang the national anthem.

4. テノールの楽譜はここです。
   Here's the tenor clef.

5. 彼が世界的に有名なテノールです！
   That's the world-famous tenor!

なかま: tenor ▶ honor（名誉）

なめらか口のポイント

声楽には、音域の高い順に、主に soprano、alto、tenor、base の声部があります。それぞれ英語では [səprænou]、[æltou]、[ténər]、[béis] とひとくせある発音ですので注意しましょう。テノールではなく、英語では テnər です。

ukulele

[jùːkəléili]

意味　ウクレレ（ハワイアンで使われる弦楽器）

こう言えばネイティブに通じる！　**YOUカレイリー**

Listen & Speak

① 私はハワイで新しいウクレレを買いました。
I bought a new ukulele in Hawaii.

② 彼は昨夜ウクレレなしで歌いました。
He sang without his ukulele last night.

③ 彼女はプロのウクレレ奏者です。
She's a professional ukulele player.

④ あなたが話しているのはあのウクレレのことですか？
Is that the ukulele you were talking about?

⑤ ウクレレとバンジョーはどう違いますか？
What's the difference between a ukulele and banjo?

なかま　ukulele ▶ useful（役に立つ）

なめらか口 のポイント

簡単そうで難しいのがウクレレです。最初の音節 u- を [juː] と発音しますが、これは「ジュー」ではありません。どちらかといえば「ユー」ですので、ローマ字発想から脱却しましょう。第3音節の -le- [lei] にきちんとストレスをおけば現地人にも通じます。

第1位 99%が誤解している母音 集中舌トレ ㊳

waltz

意味 ワルツ（4分の3拍子の舞踊曲）

[wɔ́ːlts]

こう言えばネイティブに通じる！ **ワォルツ**

●CD-20

Listen & Speak ●CD-20

① 私とテネシーワルツを踊りませんか？
Will you dance the Tennessee Waltz with me?

② 彼らは夜通しワルツを踊った。
They waltzed all night long.

③ これは私の一番好きなワルツです。
This is my favorite waltz.

④ 彼らはカップルでワルツを演奏しました。
They played a waltz for the couple.

⑤ 彼女の人生は何事もなかった。
She waltzed through life.

なかま **wa**ltz ▶ **wa**ter（水）

なめらか口のポイント

英語では母音を1つしか含まない1音節語です。つまり [wɔ́ːlts] とひと息で発音するわけですが、母音を [ɔː] とするのがコツです。ワルツの「ル」の音がないことにも注意です。例文5の waltz through は、「～を楽に通る、楽々とやってのける」という意味です。

51

第1位 99%が誤解している母音 集中舌トレ ㊴

Eqypt
[íːdʒipt]

意味 エジプト

こう言えばネイティブに通じる！ **Eジプッ**

CD-21

Listen & Speak CD-21

① エジプトのピラミッドは巨大！
The pyramids in Egypt were huge!

② エジプトに行ったことがありますか？
Have you been to Egypt?

③ エジプトの国立美術館はとても素晴らしいです。
The national museums in Egypt are fabulous.

④ そのコットンはエジプト産です。
The cotton is from Egypt.

⑤ 私はエジプトでナイル河クルーズに行きました。
I went on a Nile River cruise in Egypt.

なかま **E**gypt ▶ **e**vening（夕方）

なめらか口 のポイント

絶対に通じると思って通じないのがこのエジプトです。最初の「エ」は英語では [ee] と発音するのがコツ。同じアフリカ大陸のエチオピア（Ethiopia）も [E-θióupiə] です。

Asia

意味: アジア

[éiʒə]

こう言えばネイティブに通じる！ **Eiジャ**

Listen & Speak　CD-21

① その花瓶はアジア製です。
The vase is from Asia.

② 「エイジア」というバンドを聞いたことがありますか？
Have you heard the band "Asia"?

③ アジアの未来は明るい。
The future of Asia is bright.

④ それは東南アジア産です。
It's from Southeast Asia.

⑤ 「アジアの」と「オリエンタル」は同じ意味ですか？
Is "from Asia" and "oriental" the same meaning?

なかま　Asia ▶ April（4月）

なめらか口 のポイント

私たちが住んでいる「アジア」の発音もちょっとくせもの。第1音節の母音A を二重母音 [ei] と発音し、ここにストレスをおいて [eija] と発音します。形容詞の Asian（アジアン）も ei jen になります。意味は「アジア（人）の」「アジア的な」です。

第1位
99%が誤解している母音
集中舌トレ
㊶

profile
[próufail]

意味 プロフィール（人物紹介）

CD-22
聴く▶聴く▶

こう言えばネイティブに通じる！ **pro**ファイl

Listen & Speak CD-22 聴く▶

① あなたの最新のプロフィールを送ってください。
Please send me your latest profile.

② あなたはそのプロフィールと完全に一致している。
You fit the profile perfectly.

③ どんなふうに私のプロフィールを誇張できる？
How can I enhance my profile?

④ それは彼の利用者プロフィールです。
It's his user profile.

⑤ グループのもっと詳しいプロフィールをいただきたいのですが。
I'd like a more detailed profile of the group.

なかま profile ▶ clarify（〜を明確にする）

なめらか口 のポイント

pro-file の2音節から成りますが、カタカナの発音につられて、第2音節にストレスをおいて［fi:l］と発音しないように気をつけたいところです。実際は fa-il です。

第1位 99％が誤解している母音 集中舌トレ ㊷

exotic

意味 エキゾチック（異国風の）

[igzátik]

CD-22

こう言えばネイティブに通じる！ **igザtic**

Listen & Speak CD-22

1. 彼女は魅惑的なダンサーです。
   She's an exotic dancer.

2. なんてエキゾチックなんでしょう！それはなんと呼ばれているの？
   How exotic! What's it called?

3. この夏はどこか異国に行きましょう。
   Let's go somewhere exotic this summer.

4. これらはめずらしい植物です。
   These are exotic plants.

5. エキゾチックな音がでる楽器です。
   The instrument sounds exotic.

なかま exotic ▶ expand（広げる）

なめらか口 のポイント

頭を「エ」ではなくiで発音するのが最初のポイントです。そして第2音節の -ot- にストレスをおきましょう。海外旅行などでよく聞く言葉なので、今のうちに押さえてください。

第1位 99％が誤解している母音 集中舌トレ ㊸

comedian

[kəmíːdiən]

意味 コメディアン

CD-23
聴く→ 聴く→　こう言えばネイティブに通じる！　**コmeeディアン**

Listen & Speak　CD-23 聴く→

① そのコメディアンは家では静かな人です。
The comedian is a quiet person at home.

② 彼は成功をつかんだコメディアンです。
He's a successful comedian.

③ 10人のコメディアンが志願しました。
Ten comedians volunteered.

④ みんなコメディアンが好き！
Everyone loves comedians!

⑤ 有名なコメディアンが主演した映画です。
The movie starred a famous comedian.

なかま comedian ▶ media（メディア）

なめらか口 のポイント

人を笑わせることを職業とするコメディアン。英語では第2音節の -me- にストレスがおかれ、[miː] と長く伸ばし発音されます。なお、派生語の comedy（コメディー）は [kámidee] と第1音節にストレスをおきます。

第2位

脱サシスセソの子音
集中舌トレ！

第2位 脱サシスセソの子音 集中舌トレ ❶

the 意味 冠詞の一つ
[ðə]

CD-24

こう言えばネイティブに通じる！ **舌の引き出しTHァ**

Listen & Speak CD-24

① 私は劇場に行きました。
I went to the theater.

② そのグラスには半分も入っています。
The glass is half full.

③ キーを押さえて。
Hold down the key.

④ そっちです。
That's the way.

⑤ (電話を切らずに)少し待って。
Hold the line.

なかま the ▶ that (あれ、それ)

なめらか口 のポイント

thの発音は上下の歯から舌を出し発音します。速いスピードで発音すると、ほとんど「ダ」に近い音になります。うしろに母音がくる場合、「ジ」になるというルールはなく、早口が自然とそう聞こえるだけなのです。「ザ」「ジ」はNG!

第2位 脱サシスセソの子音 集中舌トレ ❷

thank 意味 ありがとう

[θæŋk]

CD-24
聴く 聴く こう言えばネイティブに通じる！ 舌の引き出し **TH＋ank**

Listen & Speak CD-24 聴く

① ほんとうにありがとう。
Thank you so much.

② なんて感謝を伝えればいいでしょう？
How can I thank you?

③ 想像できないほど感謝しています。
You don't know how thankful I am.

④ 私たちから彼女に礼を言っておいてください。
Please say thank you to her for us.

⑤ 彼らがしてくれたすべてに感謝しています。
I thank everyone for all they did.

なかま thank ▶ authentic（本物の）

なめらか口 のポイント

th の発音は「舌の引き出し」です。上下の歯で挟んだ舌を、喉から音（息）を吐く瞬間に口の中に引っ込めるのがコツです。「本当に」を心からつけたいときは Thank you very much. です。通常のお礼の気持ちは Thank you. だけでも充分に伝わります。

第2位 脱サシスセソの子音 集中舌トレ ❸

thirsty
[θəːrsti]

意味 喉が渇く

CD-25
聴く♪ こう言えばネイティブに通じる！ 舌の引き出し **TH＋rsty**

Listen & Speak CD-25 聴く♪

① 喉渇いてない？
Aren't you thirsty?

② とても喉が渇いているから1リットルでも水が飲めるわ。
I'm so thirsty that I could drink a liter of water!

③ どうすれば私の知識の渇きを満たせるかしら？
How can I satisfy my thirst for knowledge?

④ 彼は冒険に飢えている。
He has a thirst for adventure.

⑤ 辛い料理で喉がカラカラになった。
The spicy meal made me thirsty.

なかま thirsty ▶ thirty (30)

なめらか口 のポイント

これも舌の引き出しをイメージしましょう。「サー」と音を出すときに、歯に挟んでいた舌を引っ込めます。引き出しの出し入れみたいに。なお、thirsty は身体的な渇きのほか、be thirsty for knowledge（知識に飢えている）という比喩的な表現も好んで使われます。

第2位 脱サシスセソの子音 集中舌トレ ❹

theme

意味 テーマ（主題）

[θíːm]

CD-25

こう言えばネイティブに通じる♪ **舌の引き出しTH＋イーム**

第2位 脱サシスセソの子音

Listen & Speak CD-25

1. その演劇のテーマは何ですか？
   What's the theme of the play?

2. 新しいテーマパークへ行きましょう。
   Let's go to the new theme park.

3. これがテーマソングですか？
   Is this the theme song?

4. テーマを選んで。
   Choose a theme.

5. 彼らのテーマカラーはオレンジです。
   Their theme color is orange.

なかま theme ▶ theater（劇場）

なめらか口のポイント

カタカナにつられそうになる言葉ですが、[teim] と言ってしまうと、「飼い慣らす」という意味の tame になります。まずは英語の綴りで覚え、th の発音を練習しましょう。

第2位 脱サシスセソの子音 集中舌トレ ❺

Athens

意味　アテネ（ギリシアの首都）

[ǽθinz]

CD-26

聴く▶︎言う▶︎聴く▶︎言う　こう言えばネイティブに通じる♪　**アTH＋inz**

Listen & Speak　CD-26 聴く▶︎言う

① 私はこのクリスマスにギリシアのアテネに行きます。
I'm visiting Athens, Greece this Christmas.

② オリンピックはアテネで始まったんだった？
The Olympics started in Athens, right?

③ アテネでは雪が降ることがある？
Does it ever snow in Athens?

④ いつかアテネに行きたいです。
Someday I'd like to go to Athens.

⑤ アテネって私のアパートの近くのギリシア料理店の名前です。
Athens is a name of a Greek restaurant near my apartment.

なかま　Athens ▶ athlete（アスリート）

なめらか口のポイント

th が入ると、カタカナとかなり違って、発音がとっても難しい単語です。CDをよく聴いて、ここで押さえておきましょう。余談ですが、It was all Greek to me. というイディオムは、「ちんぷんかんぷんだった」という意味を表します。Greece（ギリシア）、Greek（ギリシア語の）。

第2位 脱サシスセソの子音 集中舌トレ ❻

cashmere 意味 カシミア

[kǽʒmiəァ] [kǽʃmiəァ]

CD-26
聴く▶言う▶聴く▶言う こう言えばネイティブに通じる❗ **キャー（ジ）シミーr**

Listen & Speak CD-26 聴く▶言う

① なんて柔らかいカシミアなの！
Such soft cashmere!

② このカシミアのセーターは中国製ですか？
Is this cashmere sweater made in China?

③ このカシミアコートは暖かそう。
This cashmere coat looks warm.

④ 彼女は上等のカシミアしか着ません。
She only wears the finest cashmere.

⑤ それはカシミア100％ではありません。
It's not 100% cashmere.

なかま cashmere ▶ cash（現金）

なめらか口 のポイント

カシミアは比較的簡単ですが、第1母音にアクセントがあるので注意が必要です。また、cash- の「sh」は舌から息をシュッと吐き出す音に小さなジが入る感じです。旅行などショッピングの際によく耳にする語なので、しっかり押さえましょう。

第2位 脱サシスセソの子音 集中舌トレ ❼

shirt 意味 シャツ
[ʃəːrt]

こう言えばネイティブに通じる！ **Shrッt**

CD-27

Listen & Speak   CD-27

① それは長そでのシャツです。
It's a long-sleeved shirt.

② シャツがパンツに合っていました。
The shirt matched the pants.

③ 私のシャツをアイロンかけてくれる？
Will you iron my shirt?

④ シャツが縮んでる！
The shirt shrunk!

⑤ 私はシャツにコーヒーをこぼした。
I spilled coffee on my shirt.

なかま　shirt ▶ Sherlock Holmes（シャーロック・ホームズ）

なめらか口のポイント

shirt もカタカナと大きく異なります。いわゆるシャツの「ャ」ではなく、[shr] の音をCDで確認しておきましょう。語尾が [t] で終わっている点に注意。[t] は決して「ツ」ではありません。

第3位

連続する子音
集中舌トレ！

第3位 連続する子音
集中舌トレ ❶

truffle
[trʌ́fl]

こう言えばネイティブに通じる！ **trアfl**

意味 トリュフ（世界三大珍味の一つ）

CD-28

Listen & Speak　CD-28

① トリュフって高価！
Truffles are expensive!

② トリュフ風味のオリーブオイルをひと瓶ください。
I'd like a bottle of your truffle-flavored olive oil, please.

③ チョコレート・トリュフは私の大好物よ！
Chocolate truffles are my favorite!

④ 彼はフランスから箱入りのトリュフを私たちに持ってきた。
He brought us a box of truffles from France.

⑤ 彼らはイタリアの黒トリュフを使います。
They use black truffles from Italy.

なかま truffle ▶ waffle（ワッフル）

なめらか口 のポイント

「トリュフ」の英語の発音はかなり違いますので、まずは英語の綴りから覚えておくとよいでしょう。truffle と覚えておけば、レストランでも [trʌ́fl] と聞き取れ、発音もできるでしょう。

第3位 連続する子音 集中舌トレ ❷

vodka
[vádkə]

意味 ウォッカ（ロシア原産の蒸留酒）

CD-28

こう言えばネイティブに通じる！ **ヴァッdカ**

Listen & Speak CD-28

① 次はウォッカ・マティーニをいただくわ。
I'd like a vodka martini next.

② 私はウォッカは飲めません。
I can't drink vodka.

③ ウォッカ・カクテルはおいしい！
Vodka cocktails are tasty!

④ カウンターにあるのはウォッカですか？
Is that vodka you have on the counter?

⑤ ウォッカ・トニックを。
Vodka and tonic.

なかま vodka ▶ edge（端、縁）

なめらか口 のポイント

ロシア語を語源とする言葉で、ライ麦などの穀類から製するロシア原産の蒸留酒を指します。発音で注意したいのは、dとkの子音の連続です。dやkのような破裂音が続く場合、ひとつめの子音は破裂が生じないため、聞こえにくくなります。

第3位 連続する子音 集中舌トレ ❸

margarine

[mάːrdʒərin]

意味 マーガリン

こう言えばネイティブに通じる！ **マーjerィン**

Listen & Speak

① 彼はトーストにたくさんマーガリンを塗ります。
He spreads a lot of margarine on his toast.

② バターはマーガリンよりヘルシーですか？
Is butter healthier than margarine?

③ 私たちはどのブランドのマーガリンにしましょうか？
Which brand of margarine shall we get?

④ その新しいマーガリンのパッケージが好きなの。
I like the new margarine package.

⑤ これはおいしいマーガリンだね！
This is tasty margarine!

なかま margarine ▶ Roger.（了解！）

なめらか口のポイント

「マーガリン」はフランスでバターの代わりとして開発されました。そのためカタカナだとフランス語の発音に近く和製化しています。英語ではマーガリンの「ガ」を [dʒə] と jer の音で発音します。

第3位 連続する子音 集中舌トレ ❹

button 意味 ボタン
[bʌ́tn]

こう言えばネイティブに通じる！ **バtn（バn）**

Listen & Speak CD-29

① コートのボタンをとめなさい。
Button your coat.

② おへそが見えてるよ。
Your belly button is showing.

③ ボタンを一つ失くしました。
I lost a button.

④ それはボタンダウンのシャツです。
It's a button-down shirt.

⑤ OKボタンをクリックして。
Click on the OK button.

なかま **bu**tt**on** ▶ co**tt**on（綿）

なめらか口 のポイント

まず気をつけたいのは、第1音節の but- の母音を [bʌ] の音で発音することです。アメリカではバtn の t も抜いてバn くらいに発音されます。

第3位 連続する子音
集中舌トレ ❺

Mrs.
[mísiz]

意味 ミセス（既婚女性への敬称）

CD-30

こう言えばネイティブに通じる！ **Missエズ**

Listen & Speak CD-30

1. ジョーンズさん？
   Mrs. Jones?

2. ミセスかミズかどちらでお呼びするのがよろしいですか？
   Would you prefer I call you Mrs. or Ms?

3. ミセス・スミスと呼ばれることに慣れなくって！
   I'm not used to being called Mrs. Smith!

4. もうミセス・フォスターではないの。
   I am no longer Mrs. Foster.

5. クリントン夫人はどちらですか？
   Where can I find Mrs. Clinton?

なかま Mrs. ▶ blues（ブルース）

なめらか口 のポイント

例文1のMrs. Jonesのように既婚女性のラストネーム、あるいはフルネームの前につける敬称がMrs.です。カタカナとは発音がずいぶん違い、[Missエズ]と発音します。例文4はdivorced（離婚）したことを示しています。

第3位
連続する子音
集中舌トレ ❻

dilemma
[díléma]

意味 ジレンマ（板ばさみ）

こう言えばネイティブに通じる！ **Dレマ**

CD-30

Listen & Speak CD-30

① この態勢は私たちにとって窮地（きゅうち）です。
This poses a dilemma for us.

② 私たちも同じ窮地に直面しています。
We all face the same dilemma.

③ 問題はありません。
There are no dilemmas.

④ それは昔から変わることのない難問ですね。
That's an age-old dilemma.

⑤ この窮地を救うもっとも良い方法は？
How can we best solve this dilemma?

なかま dilemma ▶ armadillo（アルマジロ）

なめらか口 のポイント

カタカナの「ジ」に当たる部分の子音は、英語では [d] と発音します。-mma は「ンマ」ではなく「マ」です。2つ以上（通例は2つ）の事項のどちらかを選択しないといけない困難な状況を指し、通常どちらに転んでも悪い結果である場合が多いようです。

ちょっとブレイク

ニックネーム

　私の名前はリサです。これはニックネームではなく、私ははじめからリサです。でも英語圏では、例えばエリザベス(Elizabeth)を、エルザ(Eliza)、エリーズ(Elise)、リジー(Lizzie)、リーザ(Liza)、リサ(Lisa)、ベス(Beth)、ベツィー(Betsy)、リズ(Liz)、リビー(Libby)など、いろいろなニックネームをつけて呼ぶことがあります。

◆例1（男性）
ウイリアム(William) → ビル(Bill)、ビリー(Billy)、ウィル(Will)、ウィリー(Willy)
ロバート(Robert)　　→ ロブ(Rob)、ボブ(Bob)、ロビー(Robby)、ボビー(Bobby)
エドワード(Edward) → エド(Ed)、テッド(Ted)、ネッド(Ned)、エディー(Eddy)、
　　　　　　　　　　　テディー(Teddy)
チャールズ(Charles) → チャーリー(Charlie)、チャック(Chuck)
マイケル(Michael)　 → マイク(Mike)、ミッキー(Mickey)

◆例2（女性）
レベッカ(Rebecca)　　　→ ベッカ(Becca)、ベックス(Becks)、ベッキー(Becky)、
　　　　　　　　　　　　　ベック(Bec)
ミッチェル(Michelle)　　→ シェリー(Shelly)、ミッキー(Mickey)、シェル(Shell)
クリスティーン(Christine) → クリス(Chris)、クリッシー(Chrissy)、クリスティー
　　　　　　　　　　　　　(Christy)、ティーナ(Tina)
キャサリン(Catherine)　 → キャス(Cath)、キャシー(Cathy)、キャジー(Cassie)、
　　　　　　　　　　　　　キャット(Cat)
マーガレット(Margaret) → マギー(Maggie)、マーギー(Margie)、メグ(Meg)、
　　　　　　　　　　　　　ペギー(Peggy)、ペグ(Peg)

　ニックネームは友情や愛情を示す愛称でもあります。皆さんにはニックネームがありますか？

第4位

変化しまくる
T
集中舌トレ！

第4位 変化しまくるT 集中舌トレ ①

stew
[st(j)uː]

意味 シチュー

こう言えばネイティブに通じる！ **ス2** (※ストwo)

CD-31

Listen & Speak CD-31

① 今夜の夕食はビーフシチューよ。
We're having beef stew for dinner tonight.

② あなた、クリームシチューは好き？
Do you like cream stew?

③ 寒い日はあったかいシチューが最高だ。
Hot stew is perfect for a cold day.

④ これが缶のシチューだなんて信じられない！
I can't believe this is stew from a can!

⑤ どんなシチューがありますか？
What kind of stew do you have?

なかま stew ▶ steam（スチーム、蒸気）

なめらか口 のポイント

st を「シ」と発音してはいけません。「サ・シ・ス・セ・ソ」は通常「sa・shi・su・se・so」というスペルのみで使います。次の tew はカタカナ英語だと「チュー」となっていますが、実際は one、two の 2 の音になりますので注意しましょう。「ツー」ではなく two！

第4位 変化しまくるT 集中舌トレ ❷

tuna 意味 ツナ
[t(j):nə]

こう言えばネイティブに通じる！ **2ナ**

CD-31

Listen & Speak CD-31

① ライ麦パンのツナサンドイッチをください。
I'd like a tuna sandwich on rye bread.

② ツナは焼きますか？
Would you like the tuna seared?

③ マグロは好きですか？
Do you like raw tuna?

④ これは缶づめのツナではありませんよ。
This tuna is not from a can.

⑤ ツナサラダを。
A tuna salad.

なかま tuna ▶ tutor（家庭教師）

なめらか口 のポイント

カタカナの「ツナ」は加工済みのマグロ肉を指しますが、英語では泳いでいる［マグロ］も、缶づめの「ツナ」も同様に tuna と表します。tu- の発音は「ツ」ではなく、2（two）と言うと通じます。

第4位 変化しまくる T 集中舌トレ ❸

tool 意味 道具
[tu:l]

CD-32

こう言えばネイティブに通じる！ **2ウーL**

Listen & Speak　CD-32

① あなたの道具箱を見せて。
Show me your tool box.

② 今日、私は道具を持っていません。
I don't have my tools with me today.

③ 道具はとても重かった。
The tools were very heavy.

④ あなたの道具はどこですか？
Where are your tools?

⑤ これはマーケティングのツールです。
This is a marketing tool.

なかま tool ▶ tour（旅行）

なめらか口 のポイント

前ページの「ツナ」と同様、「ツ」ではじまるカタカナ語の多くは、[t]の音をしっかり言えるようにならなければ通じません。twin（ツイン）やtour（ツアー）も同じです。

第4位 変化しまくるT 集中舌トレ ❹

party 意味 パーティー
[páːrti]

CD-32
聴く➡言う 聴く➡言う

こう言えばネイティブに通じる！ **par T**

Listen & Speak CD-32 聴く➡言う

① 何名様でいらっしゃいますか？
How many people in the party?

② 誕生日パーティーだあ！
It's a birthday party!

③ パーティー用の帽子は買った？
Did you buy party hats?

④ 彼は保守党のメンバーです。
He's a member of the conservative party.

⑤ あなたの情報が第三者に渡ることはありません。
Your information will never be passed on to a third party.

なかま party ▶ city（都市）

なめらか口 のポイント

語尾が -ty の語句はほとんど「ティー」とは発音されません。英語の ty は意外とくせものなので、よくCDを聴いてください。慣れたら簡単です。「テ」の音ではありません。

第4位 変化しまくる T 集中舌トレ ❺

country [意味] 国
[kʌ́ntri]

CD-33

こう言えばネイティブに通じる！ **カントゥree**

Listen & Speak CD-33

1. カントリーアンドウエスタンの音楽が好きです。
   I like country and western music.

2. 彼は今どこの国に住んでいますか？
   What country does he live in now?

3. こちらは安全な国です。
   This is a safe country.

4. いつか私は田舎に住みたい。
   Someday I want to live in the countryside.

5. どの国？
   Which country?

[なかま] country ▶ entry（入場）

なめらか口のポイント

「カントリー」と日本語でも定着していますが、実際の発音はカントゥree です。聞き取る場合は理解できるのに、いざ話すときになると発音できない人が多いです。t が「トゥ」の音になります。

twenty
[twénti]
意味 20

こう言えばネイティブに通じる！ **2wenty**

Listen & Speak

1 20個あります。
There are twenty.

2 彼は20歳の高校生です。
He's a twenty-year old high school student.

3 20人のデザイナーがそのショーに来ました。
Twenty designers came to the show.

4 10 + 10 = 20
Ten plus ten equals twenty.

5 彼女は20代です。
She's in her twenties.

なかま twenty ▶ seventy (70)

なめらか口 のポイント

数を表す twenty の最初の t も 2（two）です。早口で言う場合、語尾の -ty がニーのように聞こえるときがあります。

第4位 変化しまくるT 集中舌トレ ❼

water 意味 水
[wɔ́:tər]

こう言えばネイティブに通じる！ **ワder**

CD-34

Listen & Speak CD-34

① 水道水。
Tap water.

② ボトルに入った水。
Bottled water.

③ 水が垂(た)れています。
Water is dripping.

④ 水はどのくらい必要ですか？
How much water is needed?

⑤ お水をひと口ください。
I'd like a drink of water.

なかま **water ▶ quarter**（4分の1）

なめらか口 のポイント

water は機内でもレストラン内でも、英語圏のどこでも遭遇する頻出の単語です。しっかり練習しておきましょう。前ページと同様に t がタチツテトのカタカナとは違って発音されますので注意。

第4位 変化しまくる T 集中舌トレ ⑧

take it easy

[teik ít íːzi]

意味 どうぞくつろいで

こう言えばネイティブに通じる！ **テイケ・EZ**

CD-34

Listen & Speak CD-34

1. どうぞくつろいで。
   Take it easy.

2. 落ち着きなさい。
   You ought to take it easy.

3. 彼らはなまけすぎていた。
   They've been taking it too easy.

4. のんびり行こう。
   Let's take it easy.

5. 彼が戻ってくるまで私たちはゆっくりするつもりです。
   We're going to take it easy until he returns.

なかま take it easy ▶ check it out（ほら見て！）

なめらか口 のポイント

友人を気づかうときによく口にする言葉なので、しっかり押さえておきましょう。take と it がリエゾンして teikit。さらに it と easy がリエゾンして「テイケ・EZ」となります。

第4位 変化しまくるT 集中舌トレ ⑨

wait a minute

[wéit ə mínit]

意味 少し待って

こう言えばネイティブに通じる！ **ウェイタ・ミニッ**

CD-35

Listen & Speak   CD-35

1 ちょっと待って。
Wait a minute.

2 少しお待ちいただけますでしょうか？
Will you please wait a minute?

3 1、2分待ってください。
Please wait a minute or two.

4 1分少々待ってもらえる？
Can you wait a minute longer for me?

5 もう待てません。
I cannot wait a minute longer.

なかま wait a minute ▶ just a second（ちょっと待って）

なめらか口 のポイント

wait と a がリエゾンするとき、t が weita と変化します。また、minute は「ミニッツ」と最後の「ツ」を発音しませんので、気をつけてください。複数形の minutes は「ツ」を入れて OK。

第5位

語尾の消失
集中舌トレ！

第5位 語尾の消失 集中舌トレ ❶

alcohol 意味 アルコール(酒)
[ǽlkəhɔːl]

こう言えばネイティブに通じる！ al カ hol

Listen & Speak　CD-36

① お酒に弱いの。
I have little tolerance for alcohol.

② どんなアルコール飲料がありますか？
What kind of alcoholic beverages do you have?

③ アルコールを飲んでいたら運転してはいけません。
Don't drive if you've consumed any alcohol.

④ ビールのアルコール度は？
What's the alcohol content of beer?

⑤ 消毒用のアルコールをつけなさい。
Put some rubbing alcohol on it.

なかま　alcohol ▶ vehicle (乗り物)

なめらか口のポイント

日本語のアルコールでは通じません。英語の alcohol はその綴りが示す通り、h の音が含まれています。派生語の alcoholic は形容詞として「アルコール性の、アルコール中毒の」、名詞として「アルコール中毒者」を意味します。語尾はほとんど音が消えます。

第5位 語尾の消失 集中舌トレ ❷

volleyball

意味 バレーボール

[válibɔ:l]

こう言えばネイティブに通じる！ **ヴァリbal**

CD-36

Listen & Speak CD-36

① 彼女はバレーボールのスター選手です。
She's a star volleyball player.

② バレーボールは楽しくない。
I don't enjoy volleyball.

③ バレーボールは1800年後期に発明されたと知っていた？
Did you know that volleyball was invented in the late 1800s?

④ ビーチバレーをやろうぜ！
Let's play some beach volleyball!

⑤ 彼はバレーボールのセッターです。
He's a volleyball setter.

なかま volleyball ▶ football（フットボール）

なめらか口 のポイント

第1音節の vol にストレスをおくのがポイントで、カタカナ語の「バレー」のように音を伸ばさず、「ヴァリbal」くらいに聞こえます。語尾の ll がほとんど消失するのも覚えておきましょう。

第5位 語尾の消失 集中舌トレ ❸

hotel 意味 ホテル
[houtél]

こう言えばネイティブに通じる！ **ホーテォ**

Listen & Speak CD-37

① ホテルの部屋はどのくらいの大きさでしょうか？
How large is the hotel room?

② 5つ星ホテルにお泊りになるのはいかがでしょうか？
Would you like to stay in a five-star hotel?

③ 私はホテル産業に務めています。
I'm in the hotel industry.

④ 駐車場があるから私はよくホテルに行きます。
I often go to hotels because they always have parking.

⑤ 新しく誕生したホテルです。
It's a brand-new hotel.

なかま hotel ▶ tell（話す）

なめらか口 のポイント

hotelの語尾のlはほとんど聞こえません。「ホーテォ」みたいな感じで、lだからといってラ行が口にインプットされている人は、まずその発想を変えてみましょう。ちなみにモーテルはmotor hotel（駐車設備のあるホテル）の略です。

第5位 語尾の消失 集中舌トレ ④

model 意味 モデル
[mádl]

こう言えばネイティブに通じる！ **マーdl**

CD-37

Listen & Speak CD-37

① 多くのモデルの人は、やせ過ぎです！
Many models are too thin!

② 私の妹はファッションモデルになりたがっています。
My sister wants to be a fashion model.

③ 若い頃はモデルをしていました。
I used to model when I was young.

④ 新しい彼氏がカルヴァン・クラインの下着のモデルにそっくりなの！
My new boyfriend looks like a model for Calvin Klein underwear!

⑤ その雑誌は50歳以上の女性モデルを求めています。
The magazine wants female models who are over 50.

なかま　model ▶ medal（メダル）

なめらか口のポイント

日本でもお馴染みのモデルですが、英語では第2音節の -del の e はほとんど読まれず、-dl のように聞こえます。

第5位 語尾の消失 集中舌トレ ❺

vocal
[voukəl]

意味 ヴォーカル、声楽

こう言えばネイティブに通じる！ **ヴォゥkl**

CD-38

Listen & Speak CD-38

① その男性ヴォーカルは素晴らしかった。
The male vocals were excellent.

② なんて声楽の調和でしょう！
Such vocal harmony!

③ 私の声帯ははれている。
My vocal cords are swollen.

④ 私のガールフレンドはリードヴォーカルです。
My girlfriend is the lead vocalist.

⑤ 彼は自分のサポートについてよくものを言う。
He was quite vocal about his support.

なかま vocal ▶ cynical（冷笑的な）

なめらか口 のポイント

音楽の世界でヴォーカルがお馴染みですが、英語の発音は少し難しいです。第1音節の vo- は [vou] と二重母音で発音し、-cal の a はほとんど言わず、kl（クゥ）くらいに発音するのがコツです。あえてカタカナで書くと「ヴォゥクゥ」となります。

第5位 語尾の消失 集中舌トレ ❻

gourmet
[gúərméi]

意味 グルメ（美食家・食通）

こう言えばネイティブに通じる！ **ゴrメイ**

Listen & Speak　CD-38

① なんてグルメなランチでしょう！
What a gourmet lunch!

② ここはグルメの楽園です！
This place is a gourmet's paradise!

③ ここにはグルメメニューもあるのよ。
They have a gourmet menu, too.

④ 私はグルメな食事には興味がない。
I'm not interested in gourmet dining.

⑤ セミナーの後、4品のフルコースが出たの。
After the seminar, a 4-course gourmet dinner was served.

なかま gourmet ▶ ballet（バレエ）

なめらか口のポイント

英語の gourmet は料理やワインなどの知識があり、味の違いがわかる人のことを指します。語尾の t は発音されず、二重母音 [ei] で終わりますのでご注意を！

第5位 語尾の消失 集中舌トレ ❼

cocktail 意味 カクテル
[kάktèil]

CD-39
聴く▶言う▶聴く▶言う

こう言えばネイティブに通じる! **カッkテル**

Listen & Speak CD-39 聴く▶言う

① ラウンジにてカクテルがふるまわれます。
Cocktails will be served in the lounge.

② 私のカクテルシェーカーを見ましたか？
Have you seen my cocktail shaker?

③ 彼女はパートタイムのカクテルウエイトレスです。
She's a part-time cocktail waitress.

④ 小エビのカクテルをください。
I'll have the shrimp cocktail.

⑤ 彼らはテラスでカクテルをすすっていました。
They were sipping cocktails on the terrace.

なかま cocktail ▶ E-mail（Eメール）

なめらか口 のポイント

cocktail の綴りをみると cock と tail、つまり「おんどりの尻尾」と直訳できることから、これをカクテルの語源だとする説もあります。第2音節は -tail は二重母音の [teil] で、ふたつめの母音 [i] は添える程度に弱く発音します。

第5位 語尾の消失 集中舌トレ ❽

if 意味 もし〜なら
[if]

こう言えばネイティブに通じる！ **イف**

Listen & Speak CD-39

① 男の子なら、私たちはケンという名をつけます。
If it's a boy, we'll name him Ken.
イフィツ

② 行くなら、ボビーによろしく言っといて。
If you go, say hello to Bobby for me.
イフュ

③ それが本当であればね！
If only that were true!
イフォンリ

④ 彼が時間通りに帰ってきたら、夕食は7時に始まります。
The dinner will start at seven if he gets home in time.
イフィゲ

⑤ 値段が適正なら金(きん)を買います。
We'll buy gold if we think the price is right.
イフィ

なかま if ▶ surf（波乗りをする）

なめらか口のポイント

ifは上の例文のように、あとにくる母音とほとんど連結（リエゾン）します。「フ」にならないように発音に気をつけてください。

第5位 語尾の消失 集中舌トレ ⑨

pickle
[píkl]

意味 ピクルス

こう言えばネイティブに通じる! **piコォl**

CD-40

Listen & Speak　CD-40

① ピクルスが大好き！
I love pickles!

② 困ったことになっちゃった。
I'm in a pickle.

③ 保存するにはピクルスにすればいい。
To preserve it, make pickles.

④ 市場でピクルス1壺(つぼ)買ってきてください。
Please pick up a jar of pickles at the market.

⑤ そのピクルスはすごくいい味でした。
The pickle tasted great.

なかま pickle ▶ buckle (留め金)

なめらか口のポイント

ハンバーガーの具としてお馴染みの「ピクルス」は西洋風の野菜の漬物といったところです。「ス」は英語の複数形 s がつく場合の呼び方で、単数形のときはもちろん s がつきません。[kl] を「クル」と言わないように注意しましょう。

第5位 語尾の消失 集中舌トレ ⑩

buffet
[bəféi]

意味 ビュッフェ（自分で料理を盛り付ける形式の食事）

CD-40

こう言えばネイティブに通じる！ **バ・フェイ**

Listen & Speak CD-40

1. 私たちはランチに食べ放題に行きました。
   We went to the buffet for lunch.

2. こちらのビュッフェはおいくらですか？
   How much is your buffet?

3. 「バイキング」はビュッフェレストランの名前でした。
   "Viking" was the name of a buffet restaurant.

4. 私はブッフェに戻るつもりです。
   I'm going back up to the buffet.

5. なんて満足感のあるビュッフェなの！
   What a satisfying buffet!

なかま buffet ▶ tarot（タロットカード）

なめらか口 のポイント

buffet はフランス語を語源とする言葉で立食パーティーなどでよく耳にします。89ページの gourmet と同じく語尾 t は発音されません。ちなみに「バイキング」は和製英語。「食べ放題の」を英語にするなら all-you-can-eat も用いられます（buffet と同じ意味）。

※ 第5位 語尾の消失 集中舌トレ ⑪

salad
[sǽləd]

意味 サラダ

CD-41

こう言えばネイティブに通じる！ **サラдッ**

Listen & Speak CD-41

① 今日はサラダバーだけにしておくわ。
I'll just have the salad bar today.

② どんな種類のサラダドレッシングがありますか？
What kind of salad dressing do you have?

③ 軽めのサラダが一番いい。
A light salad is best.

④ こちらのコブサラダはとても大きいですか？
Is your cobb salad very big?

⑤ ポテトサラダもお願い。
A potato salad, too.

なかま salad ▶ ahead（前方へ）

なめらか口のポイント

「サラダ」の「ダ」は、英語では子音のみのdの音です。50音のほとんどを「子音＋母音」と母音をくっつける日本語のイメージでは、子音のみの発音が大変難しく感じるはずです。CDをよく聞き、日本語にない音をここで押さえておきましょう。

第5位 語尾の消失 集中舌トレ⑫

yogurt

意味 ヨーグルト

[jougərt]

CD-41

こう言えばネイティブに通じる！ **ヨウgrt**

Listen & Speak CD-41

1. 低脂肪のヨーグルトをください。
   I'd like low-fat yogurt.

2. ギリシアヨーグルトと蜂蜜の組み合わせがおいしい。
   Greek yogurt with honey is delicious.

3. ヨーグルトをおいていますか？
   Do you carry yogurt here?

4. ヨーグルトは胃にやさしい。
   Yogurt is good for the stomach.

5. ヨーグルトはいりません。
   No yogurt for me.

なかま yogurt ▶ weekend（週末）

なめらか口のポイント

第1音節の yo- にストレスをおいて［ヨウ］と発音するのがポイントです。また、カタカナの「ル」に当たる音が［ər］であることも見逃せません。「ル」はどこにもありませんので注意！

第5位 語尾の消失 集中舌トレ ⑬

liqueur

[likjúr]

意味 リキュール（香料や砂糖を加えたお酒）

こう言えばネイティブに通じる！ **リQr**

CD-42

Listen & Speak CD-42

① コーヒーリキュールはおいしい。
Coffee flavored liqueur is wonderful.

② このチョコレートは中にお酒が入っています。
This chocolate has liqueur inside.

③ サクランボのお酒！
Cherry liqueur!

④ リキュールはよい贈り物になります。
Liqueur makes an ideal gift.

⑤ 私は調理にオレンジリキュールを使います。
I use orange liqueur for baking.

なかま liqueur ▶ amateur（アマチュア）

なめらか口 のポイント

リキュールも語尾の「ル」を発音しません。まぎらわしい単語にliquor（アルコール飲料）があります。こちらは広い定義で酒全般を指す語なので注意。こちらの発音はリカー [likər] です。

第5位 語尾の消失 集中舌トレ ⑭

brandy
[brændi]

意味 ブランデー

こう言えばネイティブに通じる！ **branD**

CD-42

Listen & Speak CD-42

① ブランデーのソースは素晴らしかった！
The brandy sauce was out of this world!

② スプーン一杯分のアプリコットのブランデーを垂らして。
Put a spoonful of apricot brandy on top.

③ スペインのブランデーも同じくらいいい。
Spanish brandy is just as good.

④ ブランデーを少し注いでいただけますか？
Would you pour me some brandy?

⑤ 香りづけに少しブランデーを加えて。
Add a little brandy for flavor.

なかま brandy ▶ candy（キャンディー）

なめらか口 のポイント

飴のキャンディー（candy）を [kændee] と言うのと同じ要領で、ブランデーも語尾は「デー」ではなく [brændee] と発音します。ちなみに brandy が果実酒を蒸留させたものであるのに対し、whisky は大麦などの穀類を発酵・蒸留させて作ります。

第5位 語尾の消失 集中舌トレ ⓯

beer
[bíər]

意味 ビール

こう言えばネイティブに通じる！ **Br**

CD-43

Listen & Speak CD-43

① 日本のビールはありますか？
Do you have Japanese beer?

② 彼はビール腹だ！
He has a beer belly!

③ この国ではビールを醸造していますか？
Is beer brewed in this country?

④ 暑い日の冷たいビールに勝るものはない。
Nothing beats a cold beer on a hot summer day.

⑤ 缶ビール、それとも瓶ビール？
Canned beer or bottled beer?

なかま beer ▶ volunteer（ボランティア）

なめらか口 のポイント

ビアガーデンと言うときの「ビア」に比較的近い発音で言います。dark beer（黒ビール）、near beer（アルコール分が0.5％以下のビール）、beer belly（ビール腹）、This beer is flat.（このビール、気が抜けてる）など覚えておくと便利でしょう。

第5位 語尾の消失 集中舌トレ ⑯

croissant 意味 クロワッサン

[krwɑːsáːŋ]

🎧 CD-43

こう言えばネイティブに通じる！ **クォワーソーンt**

Listen & Speak CD-43

① こちらのクロワッサンはいくらですか？
How much are your croissants?

② クロワッサンとダブルエスプレッソをください。
A croissant and a double espresso.

③ 母に焼きたてのクロワッサンをお願いします。
Freshly baked croissants for my mother, please.

④ 手作りのクロワッサンはおいしい。
Home-made croissants are delicious.

⑤ クロワッサン、デニッシュペストリー、ドーナツ、それからレーズンパンをちょうだい。
Croissant, danish pastry, donut and raisin bread.

なかま croissant ▶ everything（あらゆること）

なめらか口のポイント

三日月の形をしたパンのことで、フランス語ではそのまま「三日月」を表す言葉でもあります。第1音節の cro- を「クロ」と発音してはいけません。c は「ク」ではなく、次に連続する子音 r と重なって [クォ] に近い音で発音します。

第5位 語尾の消失 集中舌トレ⑰

steak

意味　ステーキ

[steik]

こう言えばネイティブに通じる！　**ステイk**

Listen & Speak　CD-44

① 私のステーキはミディアム・レアにしてください。
I'd like my steak medium-rare.

② 「とてもよく焼き」でお願いします。
Can you make my steak super well-done, please.

③ スモークサーモンのステーキっておっしゃいましたか？
Did you say smoked salmon steak?

④ 炭焼きステーキ。
Char-grilled steaks.

⑤ 2つ買ったら1つサービスの夜です。
It's two-for-one steak night.

なかま　steak ▶ brake（ブレーキ）

なめらか口 のポイント

語尾のkを「カキクケコ」で発音してはいけないパターンです。子音kは後ろに母音がついていない限り、あくまで子音kです。cake（ケーキ）をケイｸと言うのと同じです。

第5位 語尾の消失 集中舌トレ ⑱

trick
[trik]

意味 トリック（罠）

こう言えばネイティブに通じる！ **2rik**

Listen & Speak   CD-44

① お菓子ちょうだ〜い！（Halloweenで子供が言うセリフ）
Trick or treat.

② トリック写真です。
It's trick photography

③ 彼はマジックを私に見せてくれた。
He showed me the magic trick.

④ これで大丈夫なはず。
That should do the trick.

⑤ それは巧妙な策略なだけ。
It's just a clever trick.

なかま trick ▶ black（黒）

なめらか口 のポイント

頭の tri- の t は「ト」と発音しませんので気をつけてください。また、語尾の子音が連続する -ck も「ク」ではなく、2つの破裂音が重なるため、c の音はほとんど消し飛ばされるイメージ。最後は k を喉の奥で飲み込む感じに発音します。

第5位 語尾の消失 集中舌トレ ⑲

hospital

[hάspitl]

意味 病院

こう言えばネイティブに通じる！ **ハspitl**

Listen & Speak CD-45

① 私たちは救急病院に運ばれた。
We were taken to the emergency room at the hospital.

② 私は病院に検診に行きました。
I went to the hospital for a check-up.

③ 地元の病院は最も便利です。
The local hospital is most convenient.

④ 病院に予約を入れなければなりません。
I have to make a hospital appointment.

⑤ 病院の食事ってどうだった？
What did you think of the hospital food?

なかま hospital ▶ capital（首都）

なめらか口 のポイント

海外旅行でケガをした場合や、道端でうずくまっている人を見かけた場合、すぐに病院に連絡しなければならないケースもあるでしょう。ホスピタルの「タル」は tall（背が高い）に近い発音です。

第5位 語尾の消失 集中舌トレ ⑳

football 意味 フットボール
[fútbɔ̀ːl]

こう言えばネイティブに通じる！ **フッbal**

Listen & Speak CD-45

1. 彼はフットボールのクラブに所属しています。
   He belongs to the football club.

2. フットボールのファンは時々、大騒ぎする。
   Football fans can sometimes go wild!

3. フットボールの試合は何試合くらい組まれていますか？
   How many football matches are scheduled?

4. そのフットボールチームは新しいユニフォームになった。
   The football team got new uniforms.

5. 私の家でフットボールを観よう。
   Let's watch football at my place.

なかま football ▶ baseball（野球）

なめらか口 のポイント

「フット」ではありません。foot の t はほとんど発音しないで、すぐに ball と続けましょう。ball の ll も「ル」ではありませんので注意です。なお、アメリカで football というと、サッカーではなく、手を使うアメフト（アメリカンフットボール）を指します。

第5位 語尾の消失 集中舌トレ㉑

finale
[finá:li]

意味 フィナーレ

こう言えばネイティブに通じる！ **フィナーリー**

Listen & Speak CD-46

① グランドフィナーレ（最終局面）。
The grand finale.

② シーズンのフィナーレは今夜です。
The season's finale is tonight.

③ はらはらさせるフィナーレでした。
It was a nail-biting finale!

④ フィナーレは生中継でした。
The finale was broadcast live.

⑤ フィナーレで何をやりましょうか？
What shall we do for the finale?

なかま finale ▶ Chile（チリ）

なめらか口のポイント

finale は音楽の最終楽章やショーの最終章を指す言葉でイタリア語に由来します。語尾をどうしても「レ」にしてしまう人は、ここでしっかり練習しておきましょう。語尾は「レ」でも間違いではありませんが、「リー」の方がよく使われます。

第5位 語尾の消失 集中舌トレ㉒

fruit 意味 フルーツ（果物）
[fru:t]

CD-46

こう言えばネイティブに通じる！ **フru(t)**

Listen & Speak CD-46

① フルーツは私たちの体にいい。
Fruit is good for us.

② フルーツ・オブ・ザ・ルーム。(有名なブランド名)
Fruit of the loom.

③ 今朝はどんな新鮮フルーツジュースがありますか？
What kind of fresh fruit juice do you have this morning?

④ 干したフルーツはいかが？
How about some dried fruit?

⑤ フルーツサラダを作るのを覚えていた？
Did you remember to make fruit salad?

なかま fruit ▶ froat (浮かぶ)

なめらか口 のポイント

fr と子音が連続するパターンは大きな息に音を乗せるイメージで発音しましょう。難しく考える必要はありません。フー(f)と吹く息の中に、舌を少し丸め、r の音を乗せるだけです。語尾は複数形ではない場合、「ツ」と言ってはいけません。

第5位 語尾の消失
集中舌トレ㉓

strike

[straik]

意味 ストライキ

こう言えばネイティブに通じる! **Stryk**

Listen & Speak CD-47

① (野球の審判が) 3ストライク、アウト!
Three strikes and you're out!

② カミナリが落ちたの見た?
Did you see the lightning strike?

③ 労働者がストライキしています。
The workers are on strike.

④ 会話を始めましょう。
Strike up a conversation.

⑤ 私たちはストライキすべきです!
We should strike!

なかま strike ▶ smoke (煙)

なめらか口 のポイント

賃上げ交渉でお馴染みストライキですが、英語では語尾が違います。「キ」ではなく子音 [k] で終わりますので、CDで確認しましょう。野球のストライクも同じ語です。

第5位 語尾の消失 集中舌トレ㉔

Mach

意味 マッハ（速度の単位）

[mɑːk]

●CD-47

こう言えばネイティブに通じる！ **マーk**

Listen & Speak　●CD-47

① 「マッハ」という名称は
オーストリアの物理学者マッハに由来します。
The word "mach" comes from Ernst Mach, an Austrian physicist.

② 「マッハ」の意味を本当にわかっている？
Do you really know the meaning of "mach"?

③ マッハは音が移動する速度のことです。
Mach is the speed at which sound travels.

④ マッハ3は音速の3倍です。
Mach three is three times the speed of sound.

⑤ マッハは音速と速度を割った割合です。
Mach is the ratio of the speed of something to the speed of sound.

なかま **Mach ▶ Bach（バッハ）**

なめらか口のポイント

Machは音速との比で物体の速度を表す単位です。Mach1が音速に等しく、それは秒速約340メートルになります。Mach2はその2倍。オーストリアの物理学者の名前に由来し、通常大文字か、略してMと表します。mark（目印）のrが抜けている音に近いです。

第5位 語尾の消失 集中舌トレ㉕

Zurich 意味 チューリッヒ
[zúrik]

CD-48

こう言えばネイティブに通じる！ **ズーrik**

Listen & Speak CD-48

① これはチューリッヒ行きの直行便です。
This is a direct flight to Zurich.

② チューリッヒでは人々はドイツ語を話します。
People speak German in Zurich.

③ チューリッヒ湖に行ったことがありますか？
Have you ever been to Lake Zurich?

④ チューリッヒ空港はモダンです。
Zurich Airport is modern.

⑤ 私の親友がチューリッヒに住んでいます。
A good friend of mine lives in Zurich.

なかま Zurich ▶ epoch（時代）

なめらか口のポイント

チューリッヒはスイス北部に位置する商業都市で、国際会議がよく開かれるので、ニュースでよく聞く名ですね。発音はカタカナとはまったく異なり、頭の子音［z］と、語尾の子音［k］に要注意。

第6位

アクセントの罠
集中舌トレ！

第6位 アクセントの罠 集中舌トレ ❶

vanilla 意味 バニラ
[vənílə]

こう言えばネイティブに通じる！ **ヴァニーラ**

Listen & Speak CD-49

① バニラアイスを1スープください。
A scoop of vanilla ice cream.

② はい、バニラビーンズです。
Here are the vanilla beans.

③ バニラ、チョコレート、それともイチゴ？
Vanilla, chocolate or strawberry?

④ 母の有名なバニラプリン。
Mama's famous vanilla pudding.

⑤ バニラはどう？
How about vanilla?

なかま vanilla ▶ gorilla（ゴリラ）

なめらか口のポイント

食品の香料として有名ですが、本来はその原料となるラン科の植物を指します。夏場の観光地ではぜひ食べたいアイスクリーム。アクセントの位置が -ni- にあることを、しっかり押さえておきましょう。

第6位 アクセントの罠 集中舌トレ ❷

vaccine 意味 ワクチン

[væksíːn]

CD-49

こう言えばネイティブに通じる！ **ヴァkseen**

Listen & Speak CD-49

① これは最新のワクチンです。
This is the latest vaccine.

② ワクチンを打つ頃だね。
It's time to get our vaccines.

③ ワクチンって何ですか？
What are vaccines?

④ ワクチンを打つスケジュールをプリントアウトしていただけますか？
Could you print out our vaccine schedules?

⑤ それはA型肝炎のワクチンです。
It's a hepatitis A vaccine.

なかま vaccine ▶ limousine（リムジン）

なめらか口 のポイント

ドイツ語に由来する言葉で、特定のウィルスなどに対する免疫を作るための人工の免疫原です。英語で発音するときは頭は「ワ」ではなく [v] の音ではじまります。第2音節の -cine は「チン」ではなく [seen] と発音します。

第6位 アクセントの罠 集中舌トレ ❸

coliseum
[kɑ̀lisíːəm]

意味 コロシアム（競技場、大劇場）

CD-50

こう言えばネイティブに通じる！ **カラＣアム**

Listen & Speak CD-50

① ロンドン大劇場はどこですか？
Where is the London Coliseum?

② 彼はこの巨大な大劇場をデザインしました。
He designed this magnificent coliseum.

③ その大劇場は100年前に建てられました。
The coliseum was built a hundred years ago.

④ 新しい大劇場の大きさを見ましたか？
Have you seen the size of the new coliseum?

⑤ 大劇場で開催されます。
It will be hosted at the coliseum.

なかま coliseum ▶ museum（博物館）

なめらか口のポイント

ラテン語の Colosseum に由来する言葉で、カタカナで「コロセウム」と表すこともあります。英語の coliseum は、第3音節の -se- にストレスをおき、カラＣアムに近い音で発音します。

第6位 アクセントの罠 集中舌トレ ❹

studio
[stjúːdiòu]

意味 スタジオ

こう言えばネイティブに通じる！ **s2ディオゥ**

CD-50

Listen & Speak   CD-50

① レコーディングは5時に東京スタジオで行われます。
The recording takes place at Tokyo Studio at five o'clock.

② スタジオまでの案内をください。
Give me directions to the studio.

③ スタジオは9時に閉まります。
The studio closes at nine.

④ 私はワンルームマンションに住んでいます。
I live in a studio apartment.

⑤ 私の仕事部屋へようこそ！
Welcome to my work studio!

なかま **studio ▶ strawberry** (いちご)

なめらか口 のポイント

音楽の録音スタジオなどで親しみのあるカタカナ語ですが、英語の発音にはちょっと注意が必要です。頭のsはあまり「ス」と強く発音せず、強い息のまま速やかにtに移行しましょう。-tu- は「タ」ではなく、twoのパターンです。

第6位 アクセントの罠 集中舌トレ ⑤

routine
[ruːtíːn]

意味　ルーチン（決まりきった日常の仕事）

CD-51

こう言えばネイティブに通じる♪　**RuTン**

Listen & Speak　CD-51

① 公園でのジョギングは私の日課です。
Jogging in the park is part of my daily routine.

② 私は定期健診に行ってきました。
I went in for a routine check-up.

③ 明日、定期検査を行います。
The routine inspection takes place tomorrow.

④ あなたの毎日の日課は何ですか？
What's your everyday routine?

⑤ 政府はその地域を定期的に監視すべきです。
The government should routinely monitor the area.

なかま　routine ▶ antique（アンティーク）

なめらか口のポイント

routineの第2音節 -tine は「チン」とは発音しません。一般的にカタカナの「チ」の音になった英語は、「チーズ（cheese）」のような発音か、今回のよう [ti(ː)] で表す発音に大別されます。[ti(ː)] に慣れておきましょう。アクセントもそこにあります。

第6位 アクセントの罠 集中舌トレ 6

silhouette [意味] シルエット
[siluét]

CD-51

こう言えばネイティブに通じる！ **Sィルエッ(t)**

Listen & Speak CD-51

1. 壁に映った木のシルエットを見てごらん！
   Look at that silhouette of the tree against the wall!

2. なんて素敵なシルエットでしょう！
   What a cool silhouette!

3. シルエットが見えません。
   I can't see the silhouette.

4. そのアーチは青い空を背景にシルエットとなっていた。
   The arch was silhouetted against the blue sky.

5. そのシルエットは花を表している。
   The silhouettes represent flowers.

[なかま] silhouette ▶ well-done（十分に火の通った）

なめらか口 のポイント

英語らしくない綴りの英語ですが、由来はやはりフランス語です。第2音節 -lhou- の h の音はほとんど無視してOKですが、アクセントがその次の第3音節 -et- にあるので注意して発音練習しましょう。si が shi（シ）にならないように注意。

第6位 アクセントの罠 集中舌トレ ⑦

sweater
[swétər]

意味 セーター

こう言えばネイティブに通じる！ **スワェter**

Listen & Speak CD-52

① 肌寒いのでセーターを着た方がよさそうね。
It's chilly so I'd better put on a sweater.

② 私はコットンのセーターを買いたい。
I want to buy a cotton sweater.

③ これは私の一番好きなタートルネックのセーターです。
This is my favorite turtle-neck sweater.

④ 私は息子のためにセーターを編みました。
I knitted a sweater for my son.

⑤ もし暖かすぎたら、セーターを脱ぎなさい。
Take off your sweater if you're too warm.

なかま sweater ▶ sweet (甘い)

なめらか口 のポイント

セーターでは通じません。頭のsは、あくまで子音のsです。スーと息を吐く中で次のweの音を息の風に乗せましょう。アクセントもそこにあります。

第6位 アクセントの罠 集中舌トレ ❽

guitar 意味 ギター
[gitáːr]

CD-52

こう言えばネイティブに通じる！ **ギターr**

Listen & Speak CD-52

1. ギターを弾かせて。
   Let me play my guitar.

2. これは一番新しい私のエレキギターです。
   This is my newest electric guitar.

3. 彼はギターを軽く鳴らした。
   He was strumming his guitar.

4. ギターソロの登場です。
   The guitar solo comes in here.

5. 彼女は素晴らしいギター奏者です。
   She's an excellent guitar player.

なかま　guiter ▶ parfait (パフェ)

なめらか口のポイント

ギターもアクセントの位置に注意です。カタカナでは「ギ」「ター」のうち、「ギ」のほうにアクセントをおきがちですが、英語では「ター」のほうを強く発音します。

第6位 アクセントの罠 集中舌トレ ⑨

narcissist

[nάːrsəsist]

意味 ナルシスト（自己陶酔者）

CD-53

こう言えばネイティブに通じる！ **ナーr si sis(t)**

Listen & Speak CD-53

① 彼ってなんてナルシストなの！
He is such a narcissist!

② 私の中のナルシストが話しています。
That's the narcissist inside of me speaking.

③ 彼の問題は彼女が自己陶酔的なことです。
His problem is that she's a narcissist.

④ 成功者はナルシストであることが多いです。
Successful people are often narcissists.

⑤ ナルシストが私を悲しませる。
Narcissists make me sad.

なかま **na**rcissist ▶ **ho**neymoon（ハネムーン）

なめらか口 のポイント

カタカナでは「ナルシスト」ですが、英語では si sis(t) と [si] を2回続けるのが正しくなります。ストレスの位置は最初の「ナー」というのもポイント。「ナル」の「ル」は r なので、少し舌を巻きぎみに発音するときれいです。

第6位 アクセントの罠 集中舌トレ ❿

career 意味 キャリア（職業）

[kəríər]

CD-53

こう言えばネイティブに通じる！ **カreer**

Listen & Speak CD-53

1. これが私の選んだキャリアです。
   This is the career that I have chosen.

2. あなたの職業は何ですか？
   What's your career?

3. 私は報道の仕事を望みます。
   I'd like a career in journalism.

4. 私たちと仕事をしますか？
   Would you like a career with us?

5. あなたは多くの職業選択肢を持っています。
   You have many career opportunities.

なかま career ▶ koala（コアラ）

なめらか口のポイント

日本語にも浸透しているキャリアという語ですが、「キャ」ではなく「カ」で、英語ではアクセントの位置が最初のrにありますので注意が必要です。

ちょっとブレイク

バニラちゃん

　もう何年も前の話です。私は若い日本人学生の語学研修につき添いアメリカを訪問しました。現地のバスで移動中、一行は一軒のアイスクリーム店に立ち寄ります。私はバスの中からアイスを注文する日本人学生の皆さんを見ていました。すると、シャイで、英語もまだ習い始めたばかり一人の女の子が、何やらモジモジしています。アイスクリームの名札を一通り見つめるものの、まだちょっと彼女には難しい単語ばかりのようです。でも一つだけ彼女にもわかる単語がありました。

　店員さんが彼女に向かって尋ねます。「What would you like?（何にしますか？）」

　女の子は小さな声で言います。「バニラ」

「Hun?」

「……」

　店員は我慢強くもう一度言います。What would you like?

　だから女の子も頑張って声をはって「バニラ」と言います。でも店員さんには伝わりません。女の子は恥ずかしいのか、どんどん顔を赤らめながら、「バニーラ」「バーニラ」「バニラー」と、思いつく限りの発音で言いますが、一向に伝わる気配がありません。私はとても気の毒になって助けようとも思いましたが、この試練がもしかすると彼女にとって重要な体験になるかもしれないと、あえて見守るだけにしました。さあ、どうするバニラちゃん。不安そうにモジモジと立ち尽くすバニラちゃん。でも次の瞬間、一筋の光明を見たかのようにキリッと眉を上げ、こう言います。
「White ice cream, please.（白いアイスクリームをください）」

　この言葉にピンと来た店員さんが「Oh! Vanilla!」と言葉を返します。すると彼女はこれまで見たこともないような笑顔で nodded、うなずくのでした。

> **point**：通じなかったら発想を変える
> 　1つの言葉に固執しないで Imagination（想像力）を使って転換！ その Inspiration（発想💡）が自信になります。

第7位

L対R
集中舌トレ！

第7位 L対R 集中舌トレ ①

cloth 意味 布　　cross 意味 渡る
[klɔːθ]　　　　　　　　[krɔːs]

Listen & Speak　CD-54

♪ リズム付きのCD音声に続いて言ってみよう！

聴く clo clo clo ▶ clo clo clo
　　　cro cro cro ▶ cro cro cro
　　　clo clo clo ▶ clo clo clo
　　　cro clo cro ▶ cro clo cro

CD-54 聴く▶

L このテーブルクロスを気に入りましたか？
Do you like this table cloth?

R クロスカントリースキーをしてきたの？
Did you go cross country skiing?

L このマイクロファイバーの布はお掃除に最高！
This microfiber cloth is great for cleaning.

R 教会の屋根の上に大きな十字架があります。
The church has a big cross on the roof.

なめらか口 のポイント

rがラリルレロとは違う音だとわかれば、比較はずっと簡単になります。rは舌を口の中で巻き、喉からでてくる音をやさしく撫でてから口の外にだすイメージです。

第7位 L対R 集中舌トレ❷

lock　意味 動鍵をかける／名ロック
[lɑk]

rock　意味 岩
[rɑk]

Listen & Speak　CD-54

♪ リズム付きのCD音声に続いて言ってみよう！

聴く lo lo lo　▶　🔊 lo lo lo
ro ro ro　▶　ro ro ro
lo ro lo　▶　lo ro lo
ro lo ro　▶　ro lo ro

CD-54 聴く▶🔊

L ドアに鍵をするのを忘れないで。
Remember to lock the doors.

R 日曜日にロッククライミングに行こうよ。
Let's go rock climbing on Sunday.

L 私は自転車の鍵を失くしました。
I lost the key to my bicycle lock.

R 彼女はロックンロールを聴きます。
She listens to rock 'n' roll.

なめらか口 のポイント

rの巻き舌は練習あるのみ。ここでしっかり押さえておきましょう。

第7位 L対R 集中舌トレ ③

load 意味 荷   road 意味 道
[loud]   [roud]

Listen & Speak CD-55

♪ リズム付きのCD音声に続いて言ってみよう!

聴く lo lo lo ▶ lo lo lo
ro ro ro ▶ ro ro ro
lo ro lo ▶ lo ro lo
ro lo ro ▶ ro lo ro

CD-55 聴く▶言う

Ⓛ なんて大量の洗濯物なんでしょう!
What a big load of laundry!

Ⓡ 曲がりくねった道は危険です。
The winding road is dangerous.

Ⓛ トラックは重い荷物を運びました。
The truck carried a heavy load.

Ⓡ これは一方通行の道路です。
This is a one-way road.

なめらか口 のポイント

一度コツをつかめば r の発音が急速にできるようになります。load of ～で「たくさんの～」を表します。

第7位 L対R 集中舌トレ ❹

light 意味 光   right 意味 右
[lait]   [rait]

Listen & Speak CD-55

リズム付きのCD音声に続いて言ってみよう！

聴く li li li ▸ li li li
    ri ri ri ▸ ri ri ri
    li ri li ▸ li ri li
    ri li ri ▸ ri li ri

CD-55 聴く▸言う

Ⓛ 電気をつけてください。
Please turn on the light.

Ⓡ 角で右に曲がって。
Turn right at the corner.

Ⓛ クリスマスの電飾が美しかった。
The Christmas lights were beautiful.

Ⓡ そのとおり！
That's right!

なめらか口 のポイント

フランス語を学んだことのある方はrの発音は、得意かもしれません。フランス語のrは鼻母音とも呼ばれ、英語以上に音のない音（口の中で作りだす空気のかすれ）が重要です。それと比べれば英語のrはずっと簡単です。

第7位 L対R 集中舌トレ ⑤

climb 意味 登る crime 意味 犯罪
[klaim] [kraim]

Listen & Speak CD-56

リズム付きのCD音声に続いて言ってみよう！

聴く cli cli cli ▶ cli cli cli
cri cri cri ▶ cri cri cri
cli cri cli ▶ cli cri cli
cri cli cri ▶ cri cli cri

CD-56 聴く▶言う

L 私は来年キリマンジャロに登ります。
I will climb Mt. Kilimanjaro next year.

R 警察は犯罪と闘い続けています。
The police continues to fight crime.

L 彼は会社のトップにのぼりつめた。
He climbed to the top of the company.

R それは犯罪小説です。
It's a crime novel.

なめらか口のポイント

語頭ではなく語句の中央にあるタイプです。頭のcから続く巻き舌rと巻かないlをうまく使いこなせるように、ここで練習しておきましょう。

第8位

B 対 V
集中舌トレ！

第8位 B対V 集中舌トレ ①

ballet 意味 バレエ   valley 意味 谷
[bǽlei]   [vǽli]

Listen & Speak CD-57

リズム付きのCD音声に続いて言ってみよう！

聴く ba ba ba ▶ ba ba ba
va va va ▶ va va va
ba va ba ▶ ba va ba
va ba va ▶ va ba va

CD-57 聴く

B 白鳥の湖は美しいバレエです。
Swan Lake is a beautiful ballet.

V 私はワインを買いにナパバレーに訪れます。
I visit Napa Valley to buy wine.

B 私のバレエシューズを見ていませんか？
Have you seen my ballet shoes?

V ホテルでは谷が見渡せました。
The hotel overlooked the valley.

なめらか口 のポイント

vは日本語にはない音を使います。コツは①前歯で軽く下唇を噛む②そのまま「ブ」と発音③その際、下唇が軽く振動している「ヴ」の音が感じられたらOKです。bは日本語のバ行の音と同じです。

第8位 B対V 集中舌トレ ❷

best 意味 最善　　vest 意味 ベスト（着衣）
[best]　　　　　　　　[vest]

Listen & Speak　CD-57

リズム付きのCD音声に続いて言ってみよう！

聴く
be be be ▶ be be be
ve ve ve ▶ ve ve ve
be ve be ▶ be ve be
ve be ve ▶ ve be ve

CD-57 聴く

B 最も良い方法はなんでしょう？
What is the best way?

V 彼は60歳の誕生日に赤いベストを着ました。
He wore a red vest for his 60th birthday.

B これは世界で一番おいしいアイスクリームです！
This is the best ice cream in the world!

V それはリバーシブル可能なベストです。
It's a reversible vest.

なめらか口 のポイント

最近はカタカナでもvの音をウの点々の「ヴ」で表されることが多くなってきました。正確な発音をCDで何度も聞いて頭にインプットしてください。

第8位 B対V 集中舌トレ ❸

bolt 意味 ボルト   volt 意味 電圧
[boult]   [voult]

Listen & Speak 　CD-58

聴く bo bo bo ▶ bo bo bo
　　 vo vo vo ▶ vo vo vo
　　 bo vo bo ▶ bo vo bo
　　 vo bo vo ▶ vo bo vo

CD-58 聴く▶言う

B ボルトが緩んでいます。
The bolt is loose.

V 110ボルト（電圧）です。
It's 110 volts.

B 航空機のシートはボルトで床に取り付けられています。
The airplane seats were bolted to the floor.

V 電圧変換器はありますか？
Do you have a volt transformer?

なめらか口 のポイント

女性であれば下唇のリップがとれるくらい、上の前歯をしっかり下唇の上にのせて [v] を発音してください。

第8位 B対V 集中舌トレ ④

berry 意味 木の実 very 意味 とても（形容詞）
[béri]　　　　　　　　[véri]

Listen & Speak CD-58

リズム付きのCD音声に続いて言ってみよう！

聴く be be be ▶ 🔊 be be be
　　 ve ve ve ▶ 　 ve ve ve
　　 be ve be ▶ 　 be ve be
　　 ve be ve ▶ 　 ve be ve

CD-58 聴く ▶ 🔊

B このベリーの味をみて！
Taste this berry!

V これはとてもおいしい。
This is very tasty.

B それはブルーベリーですか？
Is that a blueberry?

V それはとても似ています。
It's very similar.

なめらか口 のポイント

[b] は日本語の「バビブベボ」なので No problem でしょう！

第8位 B対V 集中舌トレ ❺

boat 意味 ボート   vote 意味 投票
[bout]   [vout]

Listen & Speak CD-59

♪ リズム付きのCD音声に続いて言ってみよう！

聴く
- bo bo bo ▶ bo bo bo
- vo vo vo ▶ vo vo vo
- bo vo bo ▶ bo vo bo
- vo bo vo ▶ vo bo vo

CD-59 聴く▶言う

B その島へはボートを使いましょう。
Let's take a boat to the island.

V 私に投票してください。
Please vote for me.

B なんて大きな船でしょう！
What a huge boat!

V 皆さんの投票は大切です。
Everybody's vote is important.

なめらか口 のポイント

私の名字、VOGT（ヴォート）を発音できますか？ boat（ボート）ではありませんよ。

第9位

いろいろなアー
集中舌トレ！

第9位 いろいろなアー 集中舌トレ❶

fast 意味 速い　first 意味 第1の

[fæst]　　　　　　　　[fə:rst]

Listen & Speak　CD-60

リズム付きのCD音声に続いて言ってみよう！

聴く
fa fa fa　　▶　🔊 fa fa fa
fir fir fir　　▶　　 fir fir fir
fa fir fa　　▶　　 fa fir fa
fir fa fir　　▶　　 fir fa fir

CD-60 聴く▶🔊

Ⓐ そのウェブサイトは速く読み込みます。
The website loads fast.

IR お先にどうぞ。
You can go first.

Ⓐ 彼女はとても速く走った。
She ran very fast.

IR 最初に終了した人がレースの勝者です。
The first person to finish wins the race.

なめらか口 のポイント

fast は口を思いっきり横に広げ「ア」をはっきり発音します。反対に first はあまり口を開けず f は下唇を噛んだまま上の歯から息がもれるような感じで、綴りにある通り r の巻き舌発音をします。

第9位 いろいろなアー 集中舌トレ ❷

farm 意味 農場　　# firm 意味 事務所、会社

[fɑːrm]　　　　　　　　[fəːrm]

Listen & Speak　CD-60

リズム付きのCD音声に続いて言ってみよう！

聴く
- far far far　▶　far far far
- fir fir fir　▶　fir fir fir
- far fir far　▶　far fir far
- fir far fir　▶　fir far fir

CD-60 聴く▶言う

AR それはイチゴ農園です。
It's a strawberry farm.

IR 彼は有名な法律事務所で働いています。
He works for a famous law firm.

AR 私は田舎の農家で育ちました。
I grew up on a farm in the countryside.

IR 会社は上場した。
The firm went public.

なめらか口のポイント

カタカナ表記ではどちらも「ファーム」ですが、意味が大きく異なりますので、発音でしっかり区別できるようになりましょう。

第9位 いろいろなアー 集中舌トレ ❸

heart 意味 心臓   # hurt 意味 傷つく
[hɑːrt]　　　　　　　　　[həːrt]

Listen & Speak　CD-61

♪リズム付きのCD音声に続いて言ってみよう！

聴く heart heart heart ▶ 🔊 heart heart heart
　　 hurt hurt hurt　 ▶　　 hurt hurt hurt
　　 heart hurt heart ▶　　 heart hurt heart
　　 hurt heart hurt　▶　　 hurt heart hurt

CD-61 聴く ▶ 🔊

EAR 彼女は純粋な心の持ち主です。
She has a pure heart.

UR 彼はスタンドから落ちて足を怪我した。
He fell off the stand and hurt his leg.

EAR 私の父は心臓病を患(わずら)っています。
My father suffers from heart disease.

UR その言葉が彼を傷つけました。
Those words hurt him.

なめらか口 のポイント

heart は口を大きく開けるのに対し、hurt はあまり口を開けません。heart の [ɑː] と hurt の [əː] の違いをしっかり確認してください。後者の ə は「あいまい母音」と呼ばれます。

第9位 いろいろなアー 集中舌トレ ④

hard 意味 難しい / 硬い
[hɑːrd]

heard 意味 聞いた
[hɚːrd]

Listen & Speak CD-61

リズム付きのCD音声に続いて言ってみよう！

聴く
- har har har ▶ 🗣 har har har
- hear hear hear ▶ hear hear hear
- har hear har ▶ har hear har
- hear har hear ▶ hear har hear

CD-61 聴く ▶ 🗣

AR このテストは難かしすぎる。
This test is too hard.

EAR あなたがイタリアに行ったと聞きました。
I heard you went to Italy!

AR 昨日のパンが固くなっている。
Yesterday's bread became hard.

EAR 彼らは昨日、よい知らせを聞きました。
They heard the good news yesterday.

なめらか口 のポイント

前ページと同じく、hard の [ɑː] と heard の [əː] の違いに注目です。あいまい母音 ə が登場していますので、heard は口をあまり大きく開けず、半開きで脱力した感じに言うのがポイントです。

第9位 いろいろなアー 集中舌トレ ⑤

pass 意味 通る　　# purse 意味 ハンドバッグ
[pæs]　　　　　　　　　[pəːrs]

Listen & Speak　CD-62

♪ リズム付きのCD音声に続いて言ってみよう！

聴く pa pa pa　　▶　pa pa pa
　　 pur pur pur　▶　pur pur pur
　　 pa pur pa　　▶　pa pur pa
　　 pur pa pur　 ▶　pur pa pur

CD-62 聴く▶

A 彼女はテストに通りましたか？
　Did she pass the test?

UR これが私の新しい革のハンドバッグです。
　This is my new leather purse.

A 私は今回パスします。
　I will pass this time.

UR ハンドバッグを電車に置き忘れた！
　I left my purse on the train!

なめらか口 のポイント

purse の巻き舌 r をしっかり確認して発音するよう心がけましょう。
purse は女性用のハンドバッグのことです。

第10位

S対Z
集中舌トレ！

第10位 S対Z 集中舌トレ ①

news 意味 ニュース
[n(j)u:z]

こう言えばネイティブに通じる！ **ニューZ**

Listen & Speak　CD-63

① 私は今朝ニュースでそれを聞きました。
I heard it on the news this morning.

② ニュースを見ましたか？
Did you see the news?

③ すごいニュースがあるの！
I have great news!

④ そのニュースには考えさせられた。
The news made me think.

⑤ 私はニュースマニアです。
I'm a news junkie.

なかま news ▶ salesman（セールスマン）

なめらか口 のポイント

ニュースは毎日のように日本語で使われますが、英語で正しくは最後の子音を[s]ではなく[z]と発音します。ただしnewspaperはニュースペーパーでOKです。

第10位 S対Z 集中舌トレ❷

loose
[luːs]

意味 ルーズ（服装や態度がだらしない様）

こう言えばネイティブに通じる♪ **ルーS**

Listen & Speak CD-63

① 私もかつてルーズソックスを履いていたわ。
I used to wear loose socks, too.

② ねじが緩くなっていた。
The screw came loose.

③ 安全ロープが緩まないか確認してね、わかった？
Make sure that the safety rope doesn't come loose, OK?

④ 体重が落ちたからパンツがぶかぶか。
I lost weight and now my pants are loose.

⑤ 前歯がぐらぐらなんです。
My front tooth is loose.

なかま loose ▶ casino（カジノ）

なめらか口 のポイント

「時間にルーズ」「ルーズな服装」など、よく使う言葉ですが、カタカナにつられてはいけません。[luːz] と言ってしまうと、それは「失う」を意味する lose の発音になります。正しくは語尾を [s] と発音します。

第10位 S対Z 集中舌トレ❸

blues
[bluːz]

意味 ブルース（アメリカ南部発祥の民族音楽の一種）

こう言えばネイティブに通じる！ **ブルーZ**

CD-64

Listen & Speak CD-64

① R&Bをよく聴きます。
I often listen to rhythm and blues.

② 彼は昨夜ブルースを歌っていました。
He was singing the blues last night.

③ 妻が出ていって、気持ちが沈んでいるのさ。
My wife left me so I have the blues.

④ ブルーな気分ですか？
You've got the blues?

⑤ メンフィス・ブルースって曲が好きです。
I love the song Memphis Blues.

なかま blues ▶ Hermes（エルメス）

なめらか口のポイント

英語の blues は、語尾の s を [s] ではなく [z] と発音するのが正解です。例文1のR&Bとは rhythm and blues の略で、英語圏のCDショップでよく見かけます。

第10位 S対Z 集中舌トレ ④

charisma
[kərízmə]

意味 カリスマ（人々に多大な影響を与える指導者的な資質）

こう言えばネイティブに通じる！ **カriズマ**

Listen & Speak

1. 指導者はカリスマがなければならない。
   Leaders have to have charisma.

2. 私も自然にカリスマ的な魅力があったらよかったのに。
   I wish I had natural charisma, too.

3. 彼女は男性を虜にする、ある一定のカリスマ的魅力を持っています。
   She has a certain charisma that makes men fall in love with her.

4. 彼のカリスマ性にみんな魅せられた。
   He enchanted everyone with his charisma.

5. どうすれば私は魅力的になれるかしら？
   How can I develop charisma?

なかま charisma ▶ Hercules（ヘラクレス）

なめらか口 のポイント

charisma はドイツ語の Charisma を語源とする言葉で、カリスマの「ス」に当たる s を [z] と発音します。もとは奇跡を起こしたり予言を行ったりする「超自然的能力」を表す言葉で、それが転じて指導者的資質を表す語として使われるようになりました。

第10位 S対Z 集中舌トレ ❺

Paris 意味 パリ
[pǽris]

こう言えばネイティブに通じる！ ペris

Listen & Speak

① 秋のパリはロマンティックです。
Paris in the autumn is romantic.

② 最近パリに行きましたか？
Have you been to Paris lately?

③ 私たちはハネムーンでパリに行きます。
We're going to Paris for our honeymoon.

④ あなたが話している映画はたぶんパリ、テキサスです。
I think the movie you're talking about is Paris, Texas.

⑤ パリの人たちが英語をほとんど話さないって本当？
Is it true that people in Paris often won't speak English?

なかま Paris ▶ Brussels（ブリュッセル）

なめらか口 のポイント

フランスの首都、花の都パリを [pari] と発音するのはパリっ子たち……だけとは限りませんが、これはフランス語の発音。英語では綴りの通り、最後の子音 [s] を発音します。

Mission 2

似ている語句を比較しながら
超速マスター

| 特集1 | ペアで舌トレ！ ………………… 147 |

| 特集2 | 早口ことばで舌トレ！ ………… 156 |

特集 1

ペアで舌トレ！

brake
[bréik]

意味 車輪のブレーキ

My bicycle's front brake needs to be changed.

私の自転車の前ブレーキは交換する必要がある。

break
[bréik]

意味 壊す

Let's take a coffee break in about 10 minutes.

10分ほどコーヒーブレイクしよう。

ペアで舌トレ ❷

CD-67

coat
[kóut]

意味 （冬に着る）コート

If you're cold, put on your coat!

寒かったらコートを着なさい！

court
[kɔːt]

意味 （テニスなどの）コート、法廷

I'll see you at the tennis court at around 2 o'clock.

2時ごろにテニスコートで会いましょう。

ペアで舌トレ ❸

color [kʌ́lər]

意味 色

What color is your new car?

あなたの車は何色？

collar [kɑ́lər]

意味 えり

It was chilly so we turned up our collars.

肌寒かったので、私たちはえりを立たせました。

ペアで舌トレ ❹

CD-69 聴く▶ 言う

cent
[sént]
意味 セント

It cost only one cent?
たった1セントなの？

scent
[sént]
意味 香り

I love the scent of sandalwood.
ビャクダンの香りが大好き。

ペアで舌トレ ❺

lamp
[lǽmp]
意味 ランプ

The new lamp is very bright.
新しいランプはとても明るい。

lump
[lʌ́mp]
意味 はれもの

There's a lump on my arm.
腕にはれものがあるの。

noble
[nóubl]

意味 気高い

That was a noble thing you did.

あなたがしたことは高貴なことだ。

novel
[nάvəl]

意味 小説

Have you read the new novel by T. Adachi?

T.アダチの新作を読んだ？

ペアで舌トレ ❼

summery
[sʌ́məri]
意味 夏らしい

The weather is finally getting summery.

ついに夏らしい天候になったね。

summary
[sʌ́məri]
意味 要約

No, I only read the summary.

いいえ、私は要約を読んだだけ。

thorough
[θə́:rou]

意味 完ぺきな

The maid did a thorough job cleaning the attic.

メイドさんは屋根裏部屋を完ぺきにきれいにした。

through
[θru:]

意味 ～を通して

They went through that door over there.

彼らはあちらからそのドアを通り抜けた。

特集 2

早口ことばで舌トレ！

早口ことばで舌トレ ❶

Listen & Speak CD-74 聴く▶聴く▶聴く▶言う

He threw three free throws.

意味 彼は3回フリースローを投げた。

なめらか口 のポイント

thとrの音を同時に練習できる短めの早口ことばです。「舌の引き出し」「巻き舌」をイメージして、繰り返し言ってみましょう。

早口ことばで舌トレ ❷

Listen & Speak CD-75 聴く▶聴く▶聴く▶🔊

A real rare whale.

意味 ほんとうに、ほんとうに、めずらしいクジラ。

なめらか口 のポイント

r の巻き舌がうまくできるかがポイント。それと whale の -le は「ル」ではなく、喉の奥で飲み込むように発音する音なので注意しましょう。

早口ことばで舌トレ ❸

Listen & Speak CD-76 聴く▶聴く▶聴く▶言う

Double bubble gum, bubbles double.

意味 2倍のふうせんガムは
（外にふくらむ）ふうせんも2倍の大きさ。

なめらか口 のポイント

カタカナにつられて double を「ダブル」と言ってしまう人は要注意！
-bl- と子音が連続していますので、「ブ」ではなくあくまで b の音なので、ダボウに近い発音をします。

早口ことばで舌トレ ❹

Listen & Speak CD-77

The sixth sick sheik's sixth sick sheep.

意味 6番目の病気のシークの、6番目の病気の羊。

なめらか口 のポイント

なにやら呪文のような不思議な英文ですが、アメリカでは子どもの頃からよく親しむ早口ことばです。sixth の th をしっかり言えるかが試されます。

巻末特集

日常会話に浸透した、あの有名映画のセリフが
わかる・言える

He's had at least four cups of coffee, it's gotta be soon.

ヒトデのピーチ（声・アリソン・ジャニー）
『ファインディング・ニモ』（Finding Nemo：2003年アメリカ）

トイ・ストーリー、バグズ・ライフ、モンスターズ・インクの脚本家アンドリュー・スタントンの大ヒットアニメ映画です。舞台はオーストラリアの海。400個もの卵の中から、たった一つだけ、母が、自分の命と引き換えに守り抜いた命がありました。それがカクレクマノミのニモ。夫でありニモの父であるマーリンは「もう二度と恐い思いはさせない。必ずお前を守ってみせる」と亡き妻に誓いますが、ニモが6歳になって、はじめて学校に行くという日、とうとう人間のダイバーにさらわれてしまいます。「人間の世界に連れさらわれた魚は二度と海には戻れない」そう聞かされてきた父でしたが、あきらめません。父マーリンの、ニモを探す大冒険。そして人間の世界に行ってしまったニモの、大脱出劇から超感動が生まれます。セリフのシーンは、ニモが歯医者の事務所から逃げ出すチャンスをうかがっている場面。同じく水槽に入れられたヒトデのピーチのセリフです。

訳　彼は少なくとも4杯はコーヒーを飲んでいるよ。まもなく（チャンス）だ。

Dozens of trainers train girls. You won't have any trouble finding one.

マギー（ヒラリー・スワンク）
『ミリオンダラー・ベイビー』(Million Dollar Baby：2004年アメリカ)

アカデミー賞で主演女優、助演男優、監督、作品賞の主要4部門を制覇したクリント・イーストウッド監督の大傑作。ボクシングに希望を見いだそうとする女性と、そのトレーナーの心の葛藤を丹念に描いたヒューマン・ドラマです。自分のボクシングの才能を頼りにロサンゼルスにやってきた31歳のマギー（ヒラリー・スワンク）。彼女は小さなジムを運営するトレーナー、フランキー（クリント・イーストウッド）に弟子入りを志願します。でもフランキーは女性にボクシングを教えません。上のセリフは、そのときマギーがフランキーに言い返した言葉です。すげなく追い返されたマギーは、しかしあきらめることはありませんでした。そんな彼女の真剣さに打たれ、ついにフランキーはマギーを認めます。フランキーの指導によって、めきめきと力をつけていくマギー。またたく間にチャンピオンの座を狙うまでに成長します。そしていよいよ100万ドルのファイトマネーを賭けたタイトル・マッチ。これが二人の運命を大きく、衝撃的に変えてしまうことに……。

訳　たくさんのトレーナーが女性を訓練している。いくらでも（僕以外のトレーナーを）見つけられるさ。

No vocal chords.

ブラキッシュ・オーワン博士(ブレント・スピナー)
『インディペンデンス・デイ』(Independence Day:1996年アメリカ)

何の前触れもなく、突然地球にやってきた巨大なUFO。それも一つではなく、世界中の主要都市の上空に複数滞空する円盤。それらが人々に向かって一斉に攻撃を開始する──。宇宙からの侵略というストレートなテーマを、圧倒的な映像技術で描きだした大ヒット映画から、このセリフ。No vocal chords. エリア51という場所にいたブラキッシュ・オーワン博士(ブレント・スピナー)がホイットモア大統領(ビル・プルマン)と国防総省参謀本部長グレイ将軍(ロバート・ロッジア)たちに地球外生物(エイリアン)を紹介しているシーンです。エイリアンはおそらく口でコミュニケーションしているわけではないことを彼は伝えていて、そのすぐ後に、空軍パイロットのヒラー大尉(ウィル・スミス)がグランドキャニオンで敵機を出し抜き、異星人パイロットの捕獲に成功、エイリアンがどんな姿なのか、いよいよ映像に映し出されようとする場面はハラハラ、ドキドキ。SFファンタジーとして存分に楽しめる映画です。

訳 声帯がない(言葉でコミュニケーションをしない)。

CD-81 聴く▶聴く▶言う

Don't worry, Mick can make a gourmet meal out of anything.

スー・チャールトン（リンダ・コズラウスキー）
『クロコダイル・ダンディー』(Crocodile Dundee：1986年オーストラリア)

クロコダイルが多数生息するオーストラリアの奥地で暮らすクロコダイル・ダンディーことミック（ポール・ホーガン）が、ひょんなことから訪れたニューヨークで騒動を巻き起こすアドベンチャー・コメディ。文明の中に放り出された野性児というシチュエーション自体がまず面白いし、カルチャー・ギャップに戸惑うことなく我が道を通すミックの動作や言葉がとにかく笑えます。セリフのシーンは、ニューヨークのレストランの中でのこと。都会になじみのないミックとって、自分で殺さずに、食べ物として出てきた動物の肉を食することはめずらしいだろうとバカにされます。それに対してスー（リンダ・コズラウスキー）がミックをかばうように言ったセリフがこれです。

訳　心配ない。ミックはどんなものからでも最高の料理が作れる。

🎧 CD-82 聴く▶ 聴く▶ 🔊

But since, number one, I wasn't hungry, but thirsty, and number two, they was free, I must have drank me about fifteen Dr. Peppers.

フォレスト・ガンプ（トム・ハンクス）
『フォレスト・ガンプ』(Forrest Gump：1994年アメリカ)

IQが低いかわりに、母親の献身的な愛情と、そして運命がもたらす不可思議な力によって、時代の英雄として歴史を駆け巡っていく青年フォレスト・ガンプの人生を描いたヒューマン映画の超傑作。笑いと感動豊かな30年にも及ぶ成長物語で、例えばガンプが本物のケネディ大統領と握手するシーンがあるなど、高技術の視覚効果によって移りゆくアメリカの歴史や文化的背景が丹念に映像の中に刻まれています。上のセリフは大統領のパーティに招かれたガンプが大量のドクターペッパーを飲んだと説明するシーン。ドクターペッパーとは、1885年に歴史に登場した世界中で今も飲まれている最も古い炭酸飲料のことで、実はあのコカ・コーラよりも1年早く世に生まれたそうです。

訳　いや、まず第一に、僕はお腹はすいていなかった。でも喉が渇いていた。そして第二に、それらは無料だった。だから15本もドクターペッパーを飲んだんだ。

Take it easy. It might come apart. — OK.

ブロック・ロベット（ビル・パクストン）、
ルイス・ボーディーン（ルイス・アバナシー）
『タイタニック』(Titanic：1997年アメリカ)

1912年、イギリスのサウサンプトン港から豪華客船タイタニックが処女航海に出発。新天地アメリカに夢を抱くジャック・ドーソン（レオナルド・ディカプリオ）は上流階級の娘ローズ（ケイト・ウィンスレット）と運命的に出会い、二人は互いに惹かれ合っていきます。その恋にはローズの婚約者や保守的な母親など多くの障害がありますが、若い二人はそれを超えていく絆で結ばれます。しかし、航海半ばの4月14日、タイタニック号が氷山に衝突、海水が流れ込み、刻一刻と冷たい海の中へ巨体が沈んでいく……。そんなスペクタル超大作『タイタニック』は、現代になってからトレジャーハンターたちが沈没船に残された財宝を見つけるシーンから始まります。そのオープニングにでてくるのが、このセリフ。Take it easy. It might come apart. 海に長く沈んでいたものは少しでも乱暴に触れると、ばらばら（apart）になりかねません。なのでボートの上から指揮するブロック・ロベット（ビル・パクストン）が、海に潜った相棒のルイス・ボーディーン（ルイス・アバナシー）にこう言いました。

訳　無理するなよ。ばらばらになるかもしれないからな。———了解。

Thanks for reading to the end!

INDEX

A

Achilles	27
acoustic	48
alcohol	84
aloe	18
Asia	53
Athens	62

B

ballet	128
beer	98
berry	131
blues	142
boat	132
bolt	130
brake	148
brandy	97
break	148
bubble	159
buffet	93
button	69

C

career	119
cashmere	63
cent	151
charisma	143
climb	126
cloth	122
coat	149
cocktail	90
coffee	14
coliseum	112
collar	150
color	150
comedian	56
country	78
court	149
crime	126
croissant	99
cross	122

D

dilemma	71
doctor	20
double	159

E

dozen	37
Egypt	52
exotic	55

F

farm	135
fast	134
finale	104
firm	135
first	134
football	103
free	157
fruit	105

G

gauze	23
goggles	26
gourmet	89
guitar	117

H

hard	137
heard	137
heart	136
hierarchy	34
hospital	102
hotel	86
hurt	136

I

ideology	31
if	91

L

label	36
lamp	152
light	125
liqueur	96
load	124
lock	123
loose	141
lump	152

M

Mach	107
major league	25
manager	29
margarine	68
Marx	35
mayonnaise	17
media	33
meter	40
micron	38
model	87
monotone	43
mosaic	44
motif	46
Mrs.	70

N

narcissist	118
NATO	30
news	140
noble	153
novel	153

O

octave	47
olive	19
ombudsman	32
ounce	41

P

Paris	144
party	77
pass	138
pickle	92
portrait	45
potato	15
pound	39
profile	54
purse	138

R

rare	158
real	158
right	125
road	124
rock	123

S

routine	114
salad	94
scent	151
sepia	42
sheep	160
sheik	160
shirt	64
sick	160
silhouette	115
sixth	160
stadium	24
steak	100
stew	74
strike	106
studio	113
summary	154
summery	154
sweater	116

T

take it easy	81
tenor	49
thank	59
the	58
theme	61
thirsty	60
thorough	155
three	157
threw	157
through	155
throws	157
tomato	16
tool	76
trick	101
truffle	66
tuna	75
twenty	79

U

ukulele	50

V

vaccine ……………111
valley ……………128
vanilla ……………110
variety …………… 28
very ……………131
virus ……………22
vitamin …………… 21
vocal …………… 88
vodka …………… 67
volleyball ………… 85
volt ……………130
vote ……………132

W

wait a minute ………… 82
waltz …………… 51
water …………… 80
whale ……………158

Y

yogurt …………… 95

Z

Zurich ……………108

★著者紹介★
リサ・ヴォート　Lisa Vogt

アメリカ・ワシントン州生まれ。メリーランド州立大学で日本研究準学士、経営学学士を、テンプル大学大学院にてTESOL（英語教育学）修士を修める。専門は英語教育、応用言語学。2007年〜2010年までNHKラジオ「英語ものしり倶楽部」講師を務める。現在、明治大学・青山学院大学・清泉女子大学の講師、異文化コミュニケーターとして、通訳、翻訳、新聞・雑誌のエッセイ執筆など幅広く活躍。プロの写真家として世界6大陸50カ国を旅する。最北地は北極圏でのシロクマ撮影でBBC賞受賞。最南地は南極大陸でのペンギン撮影。
著書に『超一流の英会話』『魔法の英語 耳づくり』『魔法のリスニング』（Jリサーチ出版）ほか多数。写真集に『White Gift』（木耳社）ほか。

カバーデザイン	滝デザイン事務所
本文デザイン／DTP	ポイントライン
イラスト	イクタケマコト
CD録音・編集	財団法人 英語教育協議会（ELEC）
CD制作	高速録音株式会社

J新書㉗
魔法の英語なめらか口づくり

平成25年（2013年）2月10日　初版第1刷発行

著　者	リサ・ヴォート
発行人	福田富与
発行所	有限会社 Ｊリサーチ出版
	〒166-0002　東京都杉並区高円寺北 2-29-14-705
	電　話　03（6808）8801㈹　FAX 03（5364）5310
	編集部　03（6808）8806
	http://www.jresearch.co.jp
印刷所	株式会社 シナノ パブリッシング プレス

ISBN978-4-86392-131-3　　禁無断転載。なお、乱丁・落丁はお取り替えいたします。
©Lisa Vogt 2013 All rights reserved.

全国書店にて好評発売中!

元NHKラジオ講師 リサ・ヴォートの
英語リスニングの本

CD付、コンパクトサイズ、定価1050円(税込)

とってもわかりやすいと大評判

J新書23

映画のセリフもどんどんキャッチできる
魔法の英語 耳づくり
聞き取れない音をゼロにする集中耳トレ120

CD付

アルファベットごとに英語特有の聞き取りづらい音の連結・消失パターンを集中トレーニング。ネイティブのナチュラルな会話がしっかり聞き取れる力が身につきます。

リサ・ヴォート 著
定価1050円(税込)

(日本テレビ系『世界一受けたい授業』に英語の先生役として出演)

商品の詳細はホームページへ　Jリサーチ出版　検索

ttp://www.jresearch.co.jp　Jリサーチ出版　〒166-0002 東京都杉並区高円寺北2-29-14-705
TEL03-6808-8801　FAX03-5364-5310

基礎から学べる、自分にピッタリの英語勉強本 発見！

ゼロからスタート英語シリーズ

ゼロからスタートシリーズは１００万部を超える人気シリーズです。
語学の入門書として、わかりやすい解説、大きな活字、ネイティブによるＣＤ音声など
すぐに使えるように工夫されたテキストです。

単語は例文を使ってしっかり身につける

●だれにでも覚えられるゼッタイ基礎ボキャブラリー

ゼロからスタート 英単語 BASIC 1400 （CD2枚付）

１冊で実用英語の基本語を全てカバー。例文は日常会話でそのまま使えるものばかり。ＣＤに見出し語を英語で、意味を日本語で、例文を英語で収録。

成重 寿・妻鳥 千鶴子 共著　A5変型／定価1470円(税込)

10万部突破の大人気英会話書

●だれにでも話せる基本フレーズ50とミニ英会話45

ゼロからスタート 英会話 （CD付）

英会話を基礎から学習するための入門書。５０の基本フレーズと４５のシーン別ミニ英会話を収録。ＣＤには講義と例文、実際に話す練習ができるロールプレイつき。聞くだけでも英会話学習ができる内容。

妻鳥　千鶴子 著　A5判／定価1470円(税込)

25万部突破の大人気文法書

●だれにでもわかる鬼コーチの英語講義

ゼロからスタート 英文法 （CD付）

英語カリスマ講師の基本英文法講義をまるごと１冊に収録。「英文法がよくわかった」と大好評。これから英語を始める人、短時間で文法のやり直しをしたい人にピッタリです。ＣＤは聞くだけで総復習ができるように解説と例文を収録。

安河内　哲也 著　A5判／定価1470円(税込)

日本人のための、リスニング学習書

●だれにでもできる英語の耳づくりトレーニング

ゼロからスタート リスニング （CD2枚付）

英語リスニング入門者のために書かれた、カリスマ講師によるトレーニングブック。英語が“聞き取れない耳”を“聞き取れる耳”へ改造してしまう１冊。ＣＤには日本語で講義を、英語で例文・エクササイズを収録。

安河内　哲也 著　A5判／定価1470円(税込)

ネイティブはカンタンな動詞を使っている！

●動詞70のコアイメージをつかめば英語力がぐんとアップする！

ゼロからスタート 基本動詞 （CD2枚付）

ネイティブの会話やメールには基本動詞を多用。本書は使用頻度順 1000 語の中から 70 語をさらに精選。動詞の本来持っているコアイメージをつかむことでさらに理解が深まる。CD2枚には例文の後にリピートポーズ入り。

妻鳥　千鶴子 著　A5判／定価1470円(税込)

英語の発音はだれにでも身につけられる！

●大事な音から順番に身につける

ゼロからスタート 英語発音 猛特訓 （CD2枚付）（14日間学習プログラム付）

英語の大事な音から順に、14日間で効率よく学習できるプログラムで構成。日本人によくわかる方法で徹底的に解説。ＣＤ２枚には音声練習を収録。

関口敏行 著　A5判／定価1470円(税込)

全国書店にて好評発売中！

商品の詳細はホームページへ　Jリサーチ出版　検索

http://www.jresearch.co.jp　Jリサーチ出版　〒166-0002 東京都杉並区高円寺北2-29-14-7
TEL03-6808-8801 FAX03-5364-53